LE GÉNÉRAL
NORD ALEXIS

1905

FRÉDÉRIC MARCELIN

LE GÉNÉRAL
NORD ALEXIS

1905

PARIS

SOCIÉTÉ ANONYME DE L'IMPRIMERIE KUGELMANN
(L. CADOT, Directeur)
12, rue de la Grange-Batelière, 12

1909

A son arrivée au pouvoir, personne ne donnait au gouvernement du général Nord Alexis plus de six mois d'existence. Cette croyance tenait principalement à l'âge de l'homme, presque nonagénaire et de santé débile lors de son installation au Palais National de Port-au-Prince. Or, il a gouverné près de sept ans. Ne faut-il pas qu'il y ait en cela, dans un milieu aussi instable, aussi tourmenté que le nôtre, une signification dont il faut tenir compte?

On peut le croire.

Il n'est pas téméraire de prétendre que le général Nord Alexis, durant son septennat, a incarné une estimable portion de l'âme de la Patrie, de cette âme rudimentaire, simpliste, qui, dans son héroïsme fruste, mais indomptable, entend conserver l'indépendance et l'autonomie léguées par les ancêtres contre le blanc civilisateur soit, mais quand même expropriateur... Je crois que cette âme, ou cette portion d'âme, existe et que c'est elle qui, en réalité, a soutenu le nonagénaire et lui a permis de gouverner.

J'affirme, en outre, de la façon la plus nette et toujours en développement de la même idée, que si le général Nord Alexis était arrivé au terme de son mandat, s'il n'avait pas été renversé violemment, loin d'être traîné aux gémonies, il eût été élevé dans l'avenir sur le pavois de nos plus grandes gloires nationales.

Ce ne sont ni les exécutions sommaires de Saint-Marc, ni celles du 15 mars à Port-au-Prince qui l'ont fait tomber. Elles ne l'auraient pas empêché non plus, si la fortune adverse ne lui avait pas tourné le dos au moment où il s'y attendait le moins, d'occuper sans conteste dans notre histoire une place extraordinaire et à côté de nos plus grands noms. Mais la chance a ses limites. Polycrate sera toujours un exemple classique : il ne faut pas proclamer un homme heureux avant sa mort.

Je viens de parler des exécutions sommaires de Saint-Marc et des Gonaïves, actes abominables, exécrables, qu'il faut flétrir sans hésitation. Cependant, il ne faut pas oublier que le général Nord Alexis, en les ordonnant, croyait remplir un devoir sacré envers son pays. Il était persuadé qu'il obéissait à cette portion de l'âme nationale qui veut que la Paix ne soit pas troublée afin que l'*Américain*, le blanc, n'ait pas prétexte à intervention et ne nous inflige le système qu'il a imposé à Cuba, à Porto-Rico, à Santo-Domingo.

Il ne s'agit pas d'examiner, au point de vue de la civilisation et de notre avenir matériel, la valeur de sa conception... Et au surplus les moyens qu'il a employés pour la défendre sont mauvais et peuvent même aller à l'encontre du but proposé. Mais pour bien juger le général Nord Alexis il faut se rendre exactement compte de sa mentalité, de cette cristallisation centenaire de son cerveau répercutant rudement les derniers échos de l'indépendance nationale. C'était un homme de 1804. Tel il fut à sa naissance, tel il resta toute sa vie.

En réalité, le funeste principe politique en vertu duquel la Présidence de la République est toujours dévolue à un militaire ne peut que nous donner, et nous a toujours donné, des despotes foulant les lois aux pieds. Quand ils n'agissent pas ainsi, c'est qu'on ne leur en a pas laissé l'occasion ou qu'elle ne s'est pas présentée. Ils n'hésitent pas, au surplus, à le déclarer eux-mêmes : *Qu'on ne me donne pas l'occasion !* Tel est le mot traditionnel qu'ils répètent sans cesse. L'arbitraire est la vertu cardinale de l'épaulette haïtienne. Le sabre tranche, dans notre histoire, les idées aussi bien que les têtes.

Cependant nul ne contestera que durant son long proconsulat au Cap, le général Nord Alexis n'était arrivé, depuis de nombreuses années, à être une sorte de patriarche aimé et respecté. Et de fait, quand il fut à la Présidence, dans les premiers temps, avant les conspirations, ce fut plutôt le même système de débonnaireté dans lequel les adversaires se hâtèrent malheureusement de voir l'incohérence et la faiblesse séniles.

Or, pourquoi cela changea-t-il par la suite ?

Le procès de la Consolidation en fut l'unique cause. L'Histoire impartiale dira que pour avoir voulu faire restituer à la caisse publique des valeurs indûment perçues, le général Alexis, dès son arrivée au pouvoir, souleva contre lui une formidable opposition, laquelle eut enfin raison de son gouvernement.

Que les sommes perçues de ce procès aient été bien ou mal dépensées, là n'est point la question. C'est pour les avoir fait restituer qu'on s'est ligué contre lui, voilà le fait indéniable. Cherchez dans toutes les conspirations, dans tous les complots, dans les prises d'armes des Gonaïves, de Saint-Marc, que trouvez-vous ? La main des étrangers compromis ou non dans la Consolidation, mais se rendant solidaires entre eux. Ce sont eux qui donnent les armes, les munitions, qui fournissent l'argent, qui propagent la révolte, qui fomentent la propagande, qui, inlassablement, distillent la calomnie.

On s'explique dès lors la haine du général Nord contre l'étranger. Pour lui l'étranger c'est l'ennemi. Il lui en veut. Jamais on a tant expulsé que sous lui. Il en veut à tous ceux qui l'écoutent, à tous ceux qui le fréquentent, à tous ceux qui voyagent, qui laissent le pays pour aller chez lui, oubliant que les siens, ses alliés les plus proches,

habitèrent Paris durant tout son règne...
Cela devient une véritable obsession, une
sorte de maladie mentale qui lui fait perdre
la claire notion des choses. Cependant,
l'étranger lui rend œil pour œil, dent pour
dent. Son gouvernement devient la bête
féroce qu'il faut abattre, coûte que coûte.
Les journaux du monde entier, appelant
l'intervention des puissances étrangères, le
mettent au ban de la civilisation. Personnellement il n'en a cure. Il se glorifie des
injures qu'on lui prodigue parce qu'il croit
défendre son pays et sa race. Aux provocations il répond, sans se lasser, par des discours véhéments contre les étrangers, par
des conseils de ne pas les écouter, signalant
quelques-uns qu'il croit bons, expulsant
les mauvais.

Or, je reviens à ceci : pour comprendre
l'état d'âme de ce nonagénaire, il faut se
rappeler que, aussitôt arrivé au pouvoir,
il fut obsédé de cette pensée qu'il fallait
sauver son pays de l'annexion américaine.

Ce qui s'était passé à Santo-Domingo devint son cauchemar permanent. Il était préparé plus que personne à cette obsession par son grand âge. Cet âge le faisait, en quelque sorte, dans nos temps, le prolongement des ancêtres, lesquels n'eurent, en réalité, que la passion de la possession physique de leur pays, ce pays devînt-il dans leurs mains un désert, un champ de carnage, un tournoi de luttes fratricides. Qu'importe ? C'était leur pays.

Pour le général Nord Alexis, et il en était très convaincu, combattre les armes à la main l'étranger envahisseur était toujours une chose naturelle, possible, et qui ne devait supporter aucune objection tirée soit de la folie d'une telle lutte, soit de la différence des temps entre 1804 et ceux actuels. Malheur à quiconque osait établir, au désavantage des nôtres, une hasardeuse comparaison ! Malheur à quiconque, quand il en parlait, osait surtout sourire ! Il devenait irrémédiablement suspect au général Nord.

Toute idée intransigeante, pour noble qu'elle soit, peut avoir un défaut de cuirasse comme le métal le plus pur peut avoir sa paille. Mais l'idée ne reste pas moins noble, et l'or, malgré la paille, est toujours de l'or.

Le 4 novembre 1908, M. Léger, notre ministre à Washington, après de multiples avertissements, écrivait au Président de la République :

« Comme vous l'avez sans doute déjà appris par le télégraphe, M. Taft vient d'être désigné comme le prochain Président des Etats-Unis. Je connais personnellement le nouvel élu. Nous pouvons le considérer comme un ami.

« Cependant, je dois vous dire franchement que *je ne le crois pas disposé à laisser les Républiques voisines de son pays continuer le sanglant jeu des guerres civiles. Ce qu'il fait à Cuba et à Panama indique clairement son attitude pour l'avenir.* »

Le général Nord avait fait donner lecture

de cette lettre à tous les géneraux de l'armée. Il la portait constamment sur lui, la tirait sans cesse de sa poche, la montrait aux uns et aux autres sans cesse. Frappant dessus, il s'écriait alors : « Mon fils même, si j'en avais un et s'il conspirait, je le ferais fusiller sans hésitation ! »

Plus tard, à Kingston, le général Nord, sur la terre d'exil, a dû lire certainement la lettre suivante autrement significative :

« La Maison Blanche, Washington,
4 décembre 1908.

« Cher Monsieur Harry,

« Je ne vous écris qu'une ligne à la hâte afin qu'elle vous parvienne avant que vous laissiez la Nouvelle-Orléans.

« Je ne pense pas que nous interviendrons en Haïti. — Cependant nous devrions le faire, mais notre peuple ne comprend pas comment sont les choses au delà de nos frontières ; ainsi je ne désire agir, à moins que j'arrive à faire comprendre la situation au peuple afin de le déterminer à l'action ;

et, pour y parvenir, je dois étaler les faits sous ses yeux d'une manière claire et frappante.

« A Panama, à Cuba, à Santo Domingo et à Porto-Rico, il nous avait fallu des mois, des années même de préparation avant que nous puissions faire apprécier les choses au peuple, et le pire de tout cela, c'est que les Américains cultivés du Nord-Est ne sont pas simplement aveugles, mais souvent malicieusement aveugles à ce qui se fait.

« *Nous aurions dû intervenir plus d'une fois au Venezuela pendant ces sept dernières années. Nous aurions dû intervenir dans l'Amérique centrale et en Haïti. Dans chacun de ces trois endroits, nous devrions maintenant faire quelque chose d'analogue à ce que nous faisons à Cuba, à Santo Domingo ou à Panama, selon les exigences du cas.*

« Mais le peuple américain n'était pas au fait de la situation.

« Théodore Roosevelt. ».

De plus en plus le général Nord Alexis a dû penser qu'il n'y a pas de sacrifices qu'un chef d'Etat haïtien ne doive faire pour maintenir la paix publique. Il a dû, malgré son échec, se fortifier dans cette idée qu'il n'a pas manqué à ce devoir et qu'il n'a rien à se reprocher. Cette fixation de sa pensée dans l'unique objet de préserver l'autonomie nationale doit lui cacher absolument les actes mauvais auxquels il a recouru. C'est sincèrement qu'il doit continuer à croire qu'il n'a accompli que strictement son devoir social.

Cela étant, n'y a-t-il donc pas là une atténuation dont il faut tenir compte? Qu'on n'oublie pas que ce nonagénaire, soldat qui grandit dans les rangs, qui grandit au milieu des proscriptions, des tueries, des fusillades des cent ans de notre existence nationale, fut bon, je le répète, durant son long proconsulat du Cap. Il ne changea que lorsque, arrivé au pouvoir, il crut que l'indépendance de son pays était en danger, d'abord par les désordres de la Banque Nationale, société étrangère, ensuite par les représailles que provoqua la répression de ces désordres.

Il fut impitoyable, soit. Pourtant il est indéniable que sincèrement il crut que les conspirateurs, en mettant en péril l'héritage de ses ancêtres, ne méritaient que la mort. Il faut, encore une fois, répudier cette férocité dans la répression. Toutefois, il faut se souvenir de ce qu'était l'homme, de ce qui se disait, de ce qui se faisait, de ce qui s'écrivait autour de lui. Les autres, ceux qui tramèrent, furent-ils donc sans péché ?

Le mot de sir Edward Grey à la Chambre des Communes : « Le plus sûr moyen de prévenir l'intervention étrangère est de maintenir l'ordre » fut son directoire politique. Il traitait donc en criminels, indignes de toute pitié, indignes de toute justice, ceux qui y contrevenaient. Il les mettait hors les lois.

J'ai lu dernièrement qu'un adversaire politique n'a pas craint de déclarer publiquement que le général Nord Alexis savait à peine lire et écrire... Cet adversaire va trop loin. Certes, le général n'était pas un lettré. Et combien l'ont été, le sont ou le seront parmi nos chefs d'Etat et ceux qui aspirent de nos jours à l'être!... Mais si, comme un vieux soldat qu'il était, il dédaignait profondément les intellectuels, qu'il appelait abréviativement les *intellects*, le général Nord Alexis n'était pas un ignorant. Le cerveau chez lui était remarquable et on dit qu'il continue à rester tel dans l'exil. Curieux de se tenir au courant du progrès moderne, tous les moments qu'il pouvait dérober aux affaires publiques, il les consacrait à la lecture. Presque aveugle, à la suite, dit-on, d'un coup de canon dont la poudre lui brûla les yeux, ne pouvant que signer son nom, il avait un lecteur particulier qui, à demeure près de lui, lui lisait des livres d'histoire, de politique et de science pratique. C'était sa plus grande et sa meilleure distraction.

On le savait et on en abusait, autour de lui et dans la ville, pour lui faire payer très cher ces ouvrages-là.

A propos de cette passion, on raconte qu'un jour on lui lisait la conspiration de Catilina... Stoïque et froid, Cicéron, ayant fait mettre à mort tous les complices, remontait de l'ergastule. Défiant la foule, composée de parents et amis des victimes, il jetait les mots connus : *Ils ont vécu !*

— Ah ! voilà une parole, s'écria le général. C'est net, c'est précis, c'est le glaive même ! Et combien j'admire cette rapidité dans l'action quand il s'agit de traîtres, de conspirateurs, d'assassins de la Patrie !

Une autre fois, il écoutait cette pensée de Proudhon :

« Quand la Patrie est réfractaire à la liberté, quand la souveraineté publique est en contradiction avec celle de chaque citoyen, la nationalité devient un opprobre et la régénération par les forces étrangères une nécessité. »

Soudain il arracha le livre des mains du lecteur, et l'envoya rouler au loin en s'écriant :

— Non, non, je ne veux pas en entendre davantage. Cet homme ne sait pas ce qu'il dit. La nationalité n'est jamais un opprobre !

C'est dans cette exaltation de son patriotisme que l'on doit chercher l'explication de bien des actes du général Nord Alexis, actes qui ont été faits au détriment même de la cause qu'il prétendait servir. Ces actes se comprennent difficilement dans notre temps. Ils sont d'une autre époque, d'une époque dont il était sans doute le dernier descendant. Ils ne se comprennent plus surtout parce qu'il a été renversé du pouvoir et qu'il est un vaincu. Ils auraient pu être un piédestal et ne semblent plus qu'un pilori. Cependant, le péril extérieur qui menace notre nationalité est extrême. Il ne gît pas que dans l'imagination ou dans les besoins d'une cause. Et il est d'autant plus grand que nous ne devons absolument compter que sur nous-mêmes pour le conjurer.....

En janvier de cette année, ayant eu l'honneur d'être reçu par M. Pichon, ministre des affaires étrangères de France, je lui en exprimais toutes mes craintes. Il me répondit textuellement :

— X... (ici le nom d'une très grande personnalité américaine) est venu me demander quelle serait notre attitude au cas d'une mainmise des États-Unis sur votre pays. *Je lui ai dit que la France se désintéressait absolument d'Haïti.*

Revenons au général Nord.

Je n'entreprends pas son panégyrique. Mais en voyant le débordement de haines, d'injures qui a accueilli sa chute, — débordement, du reste, qui est chez nous le cortège des chefs tombés, — je ne puis m'empêcher de mettre en relief certains côtés honorables, et dignes d'être remarqués, de son caractère.

Peut-on oublier, par exemple, que personne ne fut plus que lui passionné pour les travaux publics, pour tout ce qui pouvait contribuer à l'amélioration matérielle de la nation ? Ne pouvant voir par ses propres yeux, ne pouvant guère sortir, il fut souvent trompé par ceux en qui il mettait sa confiance : le fait n'en n'existe pas moins. Toutes les découvertes l'intéressaient. Il donna une poussée extraordinaire, peut-être un peu maladive, et dont quelques-uns abusèrent, aux recherches géologiques dans le pays. De toutes parts, de tous les coins de l'île, on lui expédiait des échantillons de charbon, de marbre, de pierre, de cuivre, d'argent, d'or, de plomb, d'étain, d'antimoine, de mercure, de pétrole !!! Que sais-je encore ? Jamais on ne découvrit tant de mines ; il est vrai que fort peu furent exploitées. Mais toujours il récompensait généreusement les découvreurs, les encourageait, leur faisait voter des concessions par le Conseil des secrétaires d'État. Que de contrats de cette espèce dorment dans les colonnes du *Moniteur !*

Il encouragea à sa façon tous les arts, et spécialement, pour la propagation de l'histoire nationale, la peinture et la sculpture. Les familliers du Palais à cette époque doivent se souvenir de l'accueil sympathique, cordial, largement rémunérateur, qu'il fit à tous ceux qui lui apportaient des tableaux ou des bustes rappelant les fastes de notre Indépendance ou les traits de nos guerriers illustres. Tous les papiers, autographes, souvenirs quelconques se rattachant à notre grande époque, furent payés par lui au poids de l'or.

Il acheta de ses deniers l'emplacement où Dessalines proclama aux Gonaïves l'Indépendance nationale et il en fit don à la République. Il paya douze mille dollars l'habitation Vertières où se livra l'immortelle bataille de ce nom... Le Corps législatif, en 1904, lui vota une somme de cinquante mille dollars et, je crois, le titre de Père de la Patrie. Il voulut bien du titre, mais ne toucha jamais la somme, la réservant, disait-il, à l'érection d'une colonne dans les plaines de Vertières.

Oui, le général Nord Alexis avait l'âme héroïque des ancêtres et cette âme vibrait réellement en lui... Cela ne nous étonne que parce que cette corde-là est cassée chez nous.

Peut-on oublier — et je le demande à ses adversaires, à ceux mêmes qui subirent sous son gouvernement un exil souvent immérité — peut-on oublier combien sa main s'ouvrait largement pour donner sans compter, donner encore, donner toujours, aussitôt qu'une infortune lui était signalée? Parfois, celui en faveur de qui il était sollicité lui avait été désigné, peut-être à tort, comme un conspirateur militant. Il secouait la tête, il refusait, mais l'instant d'après, il finissait par ouvrir un des tiroirs de son bureau, en tirait un petit sac, appelait un secrétaire, faisait compter cent ou deux cents dollars pour l'individu, ce qui ne l'aurait nullement empêché, le jour même, s'il croyait acquérir la certitude que l'homme complotait, de le faire arrêter, ferrer... et autre chose encore.

De familière coutume, il faisait un cadeau d'argent important, soit à l'occasion de leur mariage, soit à celle de la naissance de leurs enfants, aux fonctionnaires qui, selon lui, remplissaient bien leurs devoirs. Que de fois ne l'a-t-on pas vu récompenser largement de sa poche les quelques rares douaniers honnêtes qu'on lui signalait!... Beaucoup de puritains, qui font trop parade actuellement de leur farouche vertu, devraient aussi se souvenir des cadeaux qu'il obligeait, dans le budget, à leur ménager...

Je n'ai pas à juger aujourd'hui ce système, l'ayant naguère toujours condamné... Je m'y arrête pour faire voir que le général Nord Alexis n'était pas l'homme rapace pour lui-même, avare pour les autres, que l'on se plait à représenter.

A l'encontre des gouvernements qui l'ont précédé, et qui sans doute le suivront, il avait une peur instinctive des emprunts sur place, rappelant sans cesse que c'étaient ces emprunts-là qui avaient compromis irrémédiablement la situation financière de la République. Il ajoutait que, au même degré que la guerre civile, il fallait craindre les emprunts à l'extérieur. C'est toujours par eux que les petits peuples perdent leur indépendance. Et naturellement comme le système politique qu'il n'avait pas inauguré, mais dont il héritait sans rien tenter pour l'améliorer en vue du soulagement des finances de l'Etat — système séculaire ayant le gouffre de l'armée à sa base, aux entours des faveurs disproportionnées, fournitures ou travaux à ses chefs, une extravagante police à l'interieur et à l'extérieur, et une coûteuse représentation à l'étranger — exigeait des dépenses continuelles sans recettes pour les payer, il était bien forcé de recourir aux émissions de papier-monnaie et plus tard — au fur et à mesure qu'on le retirait de la circulation — aux frappes de nickel : ce qu'il appelait l'emprunt sur soi.

Il est une question qu'on a agitée en ces temps derniers et dont il faut que je parle sans phrases, sans détours inutiles : c'est celle du préjugé de couleur. On a écrit que le gouvernement du général Nord Alexis était un gouvernement de mulâtres. Je ne ferai pas l'honneur aux gens qui ont inventé ce mensonge, mensonge qui a été propagé à l'étranger pour les besoins justificatifs de la guerre civile, de discuter avec eux. Ils savent bien le contraire ! La vérité est que, aussi bien qu'Hyppolite, Nord Alexis ne connut jamais la hideuse distinction du préjugé de couleur : noirs ou jaunes avaient la même valeur, en tant qu'épiderme, à ses yeux. Et, si on voulait s'attacher aux choses extérieures, on trouverait, en définitive, qu'il ne parut accorder sa confiance et la direction de sa politique qu'à un ou deux hommes noirs de son entourage.

Encore là on se tromperait évidemment si on s'avisait de croire que le général Nord Alexis était gouverné, mené par quelques individus, comme on a payé des histrions pour l'écrire. Ce nonagénaire avait une volonté ferme et inébranlable. On pouvait peut-être l'influencer dans les détails secondaires, dans des appréciations momentanées sur des faits peu importants. On pouvait encore, et c'est ce qui a été fait malheureusement parfois, flatter ses passions, ses manies en amplifiant ses propres idées, en leur donnant un développement inattendu et dangereux. Mais il a toujours gardé avec obstination, avec entêtement, les grandes lignes de sa politique. C'est pourquoi il faut rire quand on entend dire qu'on lui faisait faire ce qu'on voulait.

Dans cette question de couleur qui, après lui, a été souvent agitée, et dont on essaie de faire actuellement le fond d'un programme politique, il n'y a pas un mot de vérité en ce qui le concerne personnellement. Sans doute, le général Nord Alexis confia des fonctions importantes et des commandements militaires à nombre de mulâtres — et je ne sais pas trop s'il eut lieu de s'en féliciter, car beaucoup d'entre eux ou se conduisirent piteusement ou hâtèrent sa chute par leur couardise, leur manque d'énergie et leur indiscipline. Mais la couleur ne dicta jamais ses choix. Il crut, et se trompa le plus souvent, que ceux qu'il appelait, noirs ou jaunes, avaient plus de bravoure, plus de capacité, étaient, en un mot, plus aptes à le seconder, à le maintenir à la Présidence. Il n'y eut que cela et rien de plus.

Puisque j'ai entamé cette question, je me permettrai de donner aux candidats au fauteuil présidentiel un conseil que je crois bon : celui de fuir l'exploitation du préjugé de couleur comme la robe de Nessus. Je sais que Salomon s'en servit. Mais lui, il était un homme très supérieur. Il en usa, et fort habilement, sur les masses. De là sa réputation et l'espèce de fascination qu'il continue à exercer. Cependant, les temps sont changés. Je pense qu'il n'est pas prudent de l'imiter, tout au moins, et à vos risques et périls, avant de tenir la place. Personne, et c'est un bonheur, ne croit plus sérieusement à l'infaillibilité de ce levier. C'est donc se créer des complications inutiles, pour le vaniteux plaisir de se présenter, dit-on, aux yeux du monde savant comme le chef d'un parti bien classifié, reposant sur des luttes, des intérêts de castes, un parti d'opprimés luttant contre les oppresseurs.

Je parle, je le répète, du préjugé de couleur d'une façon absolument détachée, en tant que noir ou mulâtre que je pourrais être ou que je suis, c'est-à-dire nullement inféodé à de si criminelles idées. Mais en tant que nègre, il me semble que la capacité de vivre sans conflits, sans luttes fratricides, dans la concurrence pacifique et féconde des uns et des autres, pour le bien de notre petit pays, est décidément préférable à ce recommencement du passé...

J'ai hâte de finir ces longs préliminaires. J'ajouterai cependant que le général Nord Alexis devait, s'il avait su comprendre son propre intérêt et l'intérêt du pays, se retirer après la mort de sa femme. En ce moment, l'auguste pitié, qu'il n'avait pas toujours eue pour les autres, marchait à ses côtés, faisait cortège à ses vieux ans, si cruellement frappés. Tous les partis le plaignaient. Et — je n'ai pas le temps de vérifier — je crois même que son plus irréductible adversaire, celui qui l'accusait de lui avoir ravi le Grand Fauteuil, celui qu'il venait encore une fois de vaincre dans les plaines de l'Artibonite, lui adressa de la terre d'exil un télégramme de condoléances, ce qui fut tout à l'honneur de l'irréductible adversaire. C'était donc une émouvante sortie de scène pour le général Nord, et qui rejetait dans l'oubli bien des choses...

Il en eut la pensée, conseillé discrètement par quelques personnes. Ce qui l'en empêcha, ce fut l'indécision dans laquelle il se trouva inextricablement pris à propos de sa succession. A qui la laisser? Il ne comprit pas, soit à ce moment, soit plus tard, qu'il était plus simple de se remettre très officiellement de ce soin à la Constitution. C'était habile, et même, s'il y tenait, il y trouvait plus de facilités d'influencer le vote de l'Assemblée nationale. En tout cas, il n'avait pas autrement à agir. Par là, il eut tout sauvé : c'était la seule crainte de ses adversaires qu'il n'eût cette sagesse qui leur eût fermé la route du pouvoir. Il est vrai que, en ce qui concerne cette route du pouvoir, ça a été pour eux la même chose.

Bien que je raconterai tout au long, à la fin de cet ouvrage, la journée du 2 décembre 1908, je ne veux pas tarder à adresser à M. Carteron, ministre de France à Port-au-Prince, et à M. le commandant Kérandren, l'expression de toute ma reconnaissance pour avoir, sur ma demande, donné, à bord du croiseur français *Duguay-Trouin*, l'hospitalité au général Nord et à sa suite.

Ils ont sauvé le vieux Président de tomber aux mains des révolutionnaires, ce qui serait arrivé dans la confusion de cette journée où bien des châteaux de cartes s'échafaudèrent... Cet événement serait surtout indubitablement arrivé, grâce au ministre des Etats-Unis, M. Furniss, lequel, chef du corps diplomatique, réclamait une supplique écrite du Président de la République avant de savoir s'il devait lui accorder sa protection. Peut-être M. Furniss n'avait-il pas encore oublié que notre département des relations extérieures l'avait fait mander à Washington pour rendre compte de sa conduite à propos d'une réclamation, présentée en termes inacceptables, en faveur d'un de ses ressortissants. Pour rentrer en grâce et regagner son poste, qu'il eut la plus grande peur de perdre, il fut obligé d'écrire dans un journal américain un article très louangeur, s'il m'en souvient bien, sur Haïti et sur le général Nord Alexis. C'était donc aujourd'hui de bonne guerre de le laisser aux mains de ses ennemis.

Je n'ai pas besoin d'ajouter, pour ce qui me concerne personnellement, que c'est dans un esprit dégagé de toute rancune que j'écris cet ouvrage. Je suis trop habitué aux revirements de la politique pour garder la moindre animosité contre qui que ce soit ou contre quoi que ce soit. Du reste, aurais-je pu, en conscience, ne pas m'attendre aux ressentiments des uns et des autres après avoir fait, dans l'intérêt de mon pays, voter par les Chambres législatives la réduction des intérêts de la Dette Intérieure à 50 0/0 et enlever le service de notre Trésorerie de la Banque d'Haïti?

Ce serait de la naïveté.

Si donc j'ai suscité des haines, à ce qu'on me dit — j'espère qu'on exagère — je n'en ai, moi, contre personne.

Malheureusement, nous possédons à un suprême degré ce qu'un publiciste appelle « la férocité sadique de trouver un bouc émissaire à nos propres fautes ». Parfois on a tenté d'exercer cette monomanie à mes dépens, de faire de moi un bouc émissaire : je ne me suis jamais laissé faire. On a aussi essayé souvent de travestir mes actes, mes paroles..... Je n'ai jamais manqué de déchirer les oripeaux dont prétendaient m'affubler ces baladins de la pensée d'autrui.

On a été plus loin : jusqu'à vouloir faire de moi un fauteur de coup d'État contre le Corps législatif! Et en quelle circonstance! Je trouve la chose dans les journaux que je feuillette en ce moment..... Un député était à la tribune. La veille il s'était proclamé lui-même un parangon de vertu, d'honnêteté, de loyauté, avec quelque raison, disait-il, puisqu'il n'avait jamais occupé de charge publique, surtout celle de ministre. De plus, il était né dans les plis du drapeau haïtien. Cependant, pour avoir raison de ma personne, pour me renverser, pour soulever l'indignation de la Chambre, il déclara que, étant ministre d'Hyppolite, j'avais conseillé jadis un coup d'État contre le Corps législatif. Et il cita cette phrase : « Il ne faut pas laisser faire les Chambres ; il faut empêcher qu'elles fassent ! »

Or, j'avais donné ce conseil au chef de l'État dans un rapport uniquement fait pour arrêter le débordement anti-patriotique des dépenses que les Chambres, à l'époque, votaient à tire-larigot. Je m'adressais à un Président haïtien à qui la Constitution et l'usage, plus fort que la Constitution, donnent d'autres privilèges que ceux, par exemple, de M. Fallières. Il n'avait qu'à vouloir pour arrêter le débordement des commandes, des contrats, des fontaines lumineuses, de mille autres extravagances qui dévoraient les recettes et grevaient désastreusement l'avenir. Il semble qu'un tel coup d'État, si coup d'État il y avait, eût dû plaire au député, puisqu'il prêchait justement dans ses discours, tant à ses collègues qu'au gouvernement, avec grandissime éloquence, l'ordre, l'économie, le respect des deniers publics..

Eh bien ! j'étais un dangereux violateur de la Constitution pour avoir, dans la meilleure intention, écrit cette phrase, et le général Hyppolite fit bien de ne pas m'écouter. Il fit bien de laisser les Chambres désorganiser, en de folles prodigalités, les recettes de l'État. La Constitution avant tout, n'est-ce pas ?

C'est là un des cent petits exemples de ce que peut notre passion politique.

Je n'ai pas, pour ma part, à me reprocher d'avoir jamais travesti la pensée d'aucun de mes adversaires. Si j'en avais la puissance, j'aurais donné bien plutôt des ailes à toutes leurs conceptions pour les élever jusqu'aux astres.....

I

Après un très long séjour en France, je rentrai à Port-au-Prince en novembre 1903. Le général Nord Alexis gouvernait la République.

On sait comment cela advint.

A la suite du mouvement révolutionnaire qui renversa le général Sam, un gouvernement provisoire s'était installé. Son président, le général Boisrond-Canal, avait proclamé le général Nord Alexis « le fils aîné de la Révolution ». Or, le général Anténor Firmin ayant levé l'étendard de la révolte dans les plaines de l'Artibonite contre le gouvernement provisoire, le fils aîné de la Révolution fut envoyé contre lui. Il vainquit le rebelle en une suite de combats qui, de part et d'autre, coûtèrent la vie à nombre de concitoyens intéressants, au premier rang desquels il faut toujours songer avec tristesse à l'infortuné Jules Auguste...

L'histoire dira peut-être que le général Nord eut plutôt de la chance et qu'il ne triompha que grâce à l'inhabileté et au peu d'endurance militaire de son adversaire, récemment promu au généralat.

Quoi qu'il en soit, il l'avait forcé de s'enfuir des Gonaïves, cité historique où fut proclamée l'Indépendance nationale, mais cité malheureuse, car, — sans doute par rapport à cette illustration, — tous nos chefs de parti revendiquant, les armes à la main, la liberté violée croient devoir y établir leur quartier général, ce qui expose cette cité historique à être souvent prise d'assaut, pillée, incendiée par les uns et les autres.

A peine avait-il triomphé que de pressants messages de ses autres collègues, restés au gouvernement provisoire, rappelèrent le général Nord à Port-au-Prince, où, lui écrivait-on, de nombreux arcs de triomphe l'attendaient. Le général fit la sourde oreille. Il allait à toutes petites journées, fatigué, disait-il, vu son grand âge, mais grossissant sans cesse son armée de tous les paysans qu'il enrôlait de force sur sa route au nom de la Liberté.

Quand, à son heure, il se présenta aux portes de la capitale, les autres candidats à la Présidence comprirent sans peine que leur rôle était fini. Comme ils n'avaient jamais voulu s'entendre entre eux, restant chacun irréductiblement cantonné dans le petit fort de sa demeure privée, au milieu de ses fidèles lieutenants, il arriva ce qui était écrit : un bon dernier enleva la timbale. Cependant on doit leur rendre cette justice qu'ils se soumirent galamment à la destinée. Ils souhaitèrent même en termes aimables la bienvenue au fils aîné de la Révolution.

L'histoire, l'histoire haïtienne surtout, est une perpétuelle redite. Sans doute, il ne onvient pas de trop appuyer sur cette banalité, car chacun y trouverait sa part. Cependant, les candidats futurs à la Présidence de la République ne sauraient trop méditer cet enseignement si souvent répété : on a peiné, on a sué, on a risqué sa vie en de multiples aventures, on s'est ruiné, si on avait de la fortune, on a ruiné les siens, on a subi un long exil, on a vu mourir ses parents, ses amis sous les balles assassines ou dans des cachots infects, et on en est au demeurant la cause ! A quoi a servi tout cela ? Toutes ces fatigues, tous ces deuils, toutes ces ruines ? « *A voir, Zénobie, un pâtre enrichi par le péage de nos rivières* », se loger dans le Palais de nos rêves. C'est La Bruyère qui parle, et il parle bien.

Le général Nord Alexis se logea donc au Palais National. Il n'était pas un pâtre, loin de là. C'était un vieux, un héroïque soldat, tout courbé sous le poids des ans, et de qui personne n'attendait cette promptitude de décision. Il prit un titre provisoire. indicatif de sa ferme volonté d'être l'élu de la nation. C'est la coutume. On a procédé, on procède, on procédera ainsi dans le passé, dans le présent et dans l'avenir. L'Assemblée nationale, accoutumée à comprendre cet indicatif-là, comprit encore une fois. Elle le nomma avec enthousiasme.

Quand j'arrivai à Port-au-Prince, en novembre 1903, le général Nord Alexis occupait le fauteuil présidentiel depuis plus d'un an. Ses rivaux d'ambition étaient dispersés sur la terre étrangère, méditant aux moyens de le renverser, de redresser à leur profit cette incompréhensible erreur du suffrage universel que, du reste, ils proclamaient corrompu et vicié. Ils pensaient généralement que cela serait facile, la situation financière et politique étant on ne peut plus mauvaise.

Le Trésor était à sec. Les journaux officieux, ainsi que les harangues officielles, répétaient à satiété que c'était la faute du gouvernement déchu qui avait dilapidé les finances publiques. Cela ne remplissait malheureusement pas la caisse. En dépit de ces véhémentes apostrophes à la corruption et à la vénalité du prédécesseur, le successeur n'avait pas le sou. On se traînait dans de petits emprunts à la semaine, çà et là, de droite et de gauche, de porte en porte.

Evidemment cela ne pouvait pas durer.

Vers la fin de décembre, un matin, on vint me chercher de la part du Président de la République à Turgeau, où je résidais depuis mon arrivée. Je me rendis immédiatement au Palais.

Le général Nord m'attendait dans la grande salle du Conseil, assis près d'une des portes ouvrant sur le petit balcon de côté. Il m'annonça en termes nets et formels qu'il avait fait choix de moi pour être son ministre des finances.

— Comme cela, Président, lui dis-je. Tout de go, sans même causer, sans savoir si nous sommes d'accord...

— Oui, me dit-il, j'ai fait choix de vous...

Je venais de passer quelque temps en Europe. Je savais comment les crises ministérielles se nouent et se dénouent. D'un autre côté, je n'avais nulle obligation au général Nord, car je répète ce que j'ai dit ailleurs : je n'ai pas contribué à donner des chefs militaires à mon pays. Des chefs militaires arrivés au pouvoir, et dont on pouvait me croire l'adversaire, m'ont appelé à leur côté. Je les ai servis fidèlement et du mieux que j'ai pu. Mais jamais je n'ai patronné aucun chef militaire à la Présidence de la République depuis que je me suis rendu compte qu'aucun chef militaire, à moins qu'il ne supprime radicalement le système militaire, ce qui serait le fait d'un homme absolument supérieur, ne peut faire le plus léger bien à mon pays.

— Cependant, Président, dis-je au général Nord, il faut causer un peu... Ainsi, comment comptez-vous sortir de cette situation financière ?

— Je ferai une émission de papier-monnaie, m'affirma le Président sans hésitation.

— Une émission ! Ne pensez-vous pas que le mal s'aggravera au lieu de s'atténuer, surtout si cette émission n'est pas sagement restreinte aux plus stricts besoins ?

— Je vous ai appelé justement pour cela.

— Eh bien ! Président, permettez-moi de vous dire les deux conditions auxquelles j'accepte d'entrer dans le Cabinet. Je vous demande d'abord de ne pas faire d'émission, car je crois pouvoir trouver sur place même les fonds nécessaires pour parer aux plus urgentes nécessités. Ensuite, je vous prierais de renouveler votre Conseil. Ce n'est pas que les hommes honorables qui le composent ne soient absolument à la hauteur de leur tâche, mais je craindrais, étant déjà engagés dans l'idée que l'émission est nécessaire, de ne pas trouver en eux l'union de pensée indispensable aux économies qui seront notre sauvegarde dans l'avenir.

Le Président réfléchit un moment. Puis il se leva :

— Je ne dis ni oui, ni non. Je ne m'engage pas. Allez faire vos démarches. Mais — et il rit largement — je vous prédis que vous ne trouverez pas un centime chez ces messieurs. Ils ne vous donneront pas un *cob*, la Banque la première ! A moins que le Gouvernement ne promette de ne pas faire le Procès de la Consolidation... Pour cela, on me couperait plutôt les deux poignets que de me faire signer ça !

— Il ne s'agit pas de cela, Président. Croyez bien que je ne me permettrai jamais de penser une telle chose. C'est purement et simplement une opération financière que j'ai en vue pour éviter au pays le papier-monnaie.

— Allez donc, dit le Président, je vous attendrai. Mais vous verrez si je n'ai pas raison.

Un de mes amis voulut bien convoquer, pour une communication que j'aurais à leur faire, les principaux banquiers et capitalistes de Port-au-Prince, en sa résidence à Turgeau.

C'était vers les dix heures du matin, le lendemain de mon entrevue avec le Président de la République. Ils furent tous exacts, le directeur de la Banque en tête.

J'exposai l'objet de la réunion. Je dis que le chef de l'Etat m'ayant offert le portefeuille des Finances, j'avais posé comme condition qu'il n'y aurait pas d'émission de papier-monnaie. Mais que, comme l'Etat avait de pressants besoins d'argent, comme le général Nord avait promis solennement de fêter l'Indépendance Nationale aux Gonaïves, je comptais sur eux pour m'aider; que c'était dans l'intérêt du commerce que j'agissais, car une émission serait funeste à tous les points de vue. Bref, je dis tout ce que je crus propre à leur inspirer confiance, à leur faire comprendre que cette première opération financière serait un gage d'alliance, l'olivier de la paix entre eux et le Gouvernement ; que, pour ma part, je leur garantissais que l'on marcherait la main dans la main, les intéressant à la fortune politique de l'ordre actuel des choses, fortune intimement liée à la leur... Je leur parlai longtemps, et ils continuaient à se taire.

A la fin, l'un d'eux dit :

— Pensez-vous qu'il soit bien nécessaire, dans l'état des finances du pays, de dépenser de l'argent pour aller aux Gonaïves fêter le Centenaire ?

— Comme ministre des Finances, peut-être vous répondrai-je non. Mais comme Haïtien, je vous répondrai oui sans hésitation. Et vous devez comprendre ce sentiment, car vous avez des patries, vous avez chez vous des fêtes nationales qui vous sont chères... Cette objection que vous me faites, je l'ai adressée aussi au général Nord, et il m'a répondu : « Il n'y aurait pas une gourde dans la caisse publique, je vendrais ma chemise pour avoir de l'argent. Il n'y aurait as de charbon pour faire marcher les navires de l'État, je m'embarquerais dans un canot. Et je serais à mon lit de mort que je me ferais porter sur un brancard ! Mais j'irai, j'irai aux Gonaïves le 2 janvier 1904 pour glorifier les ancêtres ! » — Cependant je vous donne l'assurance que la dépense sera très restreinte. Je m'y engage. Et nous pourrons la fixer dès ce moment au grand maximum de 60,000 à 80,000 gourdes pour tout le pays.

La conversation dévia, languit, imprécise. On était mou, hésitant à me dire ce que chacun pensait. Tout à coup un de ces messieurs s'écria :

— Tout cela n'est pas sincère. Il faut parler net et clair. — Je suis comme mon maître Bismarck. Quand j'ai un ennemi, je l'écrase sous mes talons. Le gouvernement est mon ennemi, je l'écrase !

Et en parlant ainsi, il martela de ses talons le parquet en mosaïque de la véranda où nous étions assis.

Les autres p rurent croire qu'il était allé

trop loin. Je protestai que le gouvernement n'était l'ennemi de personne, qu'au contraire il ne demandait qu'à marcher avec les banquiers, que ma présente démarche en était la preuve, qu'au surplus — et j'en parlai par expérience — il n'est jamais bon de déclarer la guerre à un gouvernement, que le banquier même qui venait de s'exprimer avec tant de force avait de trop grands intérêts dans le pays, qu'il était un gros porteur de la Dette Intérieure, que la Dette Intérieure...

— Oh! quant à cela, interrompit-il, j'ai les canons de mon pays pour faire respecter les engagements pris.

M. Van Wjick, directeur de la Banque Nationale d'Haïti, intervint alors. Il déclara que tout le mal venait du procès de la Consolidation, qui n'était qu'une persécution indigne, dirigée contre la haute banque en général et contre l'établissement qu'il représentait en particulier. Si donc le gouvernement voulait prendre l'engagement formel, public, de se désister de ce procès, on mettrait des fonds à sa disposition. Mais autrement c'était impossible.

— Qu'en pensez-vous, Monsieur le Secrétaire d'État ? me demanda-t-il.

— Je pense que je ne transmettrai pas une telle proposition au Président de la République. — Elle est déshonorante. Libre à vous de la faire directement ; mais, quant à moi, ma mission prend fin et je vais en prévenir le général Nord Alexis. Prenez garde cependant. Vous pourrez vous repentir un jour de ne m'avoir pas écouté.

Je saluai ces messieurs et je me retirai. Ne voulant pas retourner au Palais où déjà des clabauderies se faisaient autour de mon nom, — pendant trente-six heures je fus ministre *in partibus !* — je priai Alexis Jean-Joseph, le neveu du Président, et alors son secrétaire particulier, de venir chez moi. Je lui racontai ce qui s'était passé à la réunion et comment j'avais complètement échoué. Je le chargeai de remercier le Président de la République et de lui exprimer le regret que j'avais de ne pouvoir accepter dans ces conditions le poste de ministre des Finances.

— Et que comptez-vous faire? lui demandai-je.

— Du papier-monnaie, me répondit Alexis Jean-Joseph.

C'est ainsi que vers la fin de décembre 1903 je ne fus pas ministre des Finances.

La Banque Nationale d'Haïti offrit le lendemain au gouvernement de se mettre à la tête d'un emprunt sur place de 500,000 gourdes, à la condition que l'État mettrait en liberté les délinquants et renoncerait formellement au procès de la Consolidation.

Le général Nord Alexis refusa de souscrire à des conditions « dont l'acceptation serait la plus flagrante injure à nos lois et à nos institutions ».

Il n'y avait pas d'autre réponse à faire.

On trouvera cette correspondance dans le

Moniteur de l'époque. Si d'un côté elle honore le gouvernement, de l'autre elle est digne, on en conviendra, de l'établissement qui n'eut jamais souci ni de notre grandeur morale, ni de notre bien-être matériel.

II

Je n'ai pas l'intention de faire l'historique du gouvernement du général Nord Alexis. Je ne veux, je crois l'avoir déjà dit, m'attacher dans cet ouvrage qu'aux trois ans et quelques mois durant lesquels j'ai tenu le portefeuille de ministre des finances.

Voici un document qui établira, sans conteste, quelle était la déplorable situation financière que le général Nord trouva à son avènement au pouvoir :

BANQUE NATIONALE D'HAITI

Port-au-Prince, le 18 mars 1899.

Mon cher Président,

Je ne puis pas avoir une meilleure occasion que celle du départ du ministre des finances Lafontant pour vous envoyer mon affectueux souvenir et vous exprimer mes souhaits pour votre santé et l'heureux résultat que vous attendez de cette pénible tournée entreprise dans le Sud et pour laquelle le gouvernement a dû s'imposer le sacrifice que vous connaissez.

Je vous suis pas à pas dans votre tournée, Président, et je fais des vœux pour que ces intéressantes populations du Sud comprennent les grandes nécessités du moment : Paix, Union, Travail, Honnêteté.

Je ne doute pas que les bons conseils que vous leur donnerez ne soient mis en pratique.

Hélas ! nous en avons bien besoin, car nous sommes sur le point de sombrer.

Depuis votre départ, Président, je ne cesse de réfléchir sur les remèdes à apporter à la situation très critique du pays, et, de quelque côté que je me tourne, je vois imminent l'effondrement complet d'Haïti, si nous ne nous arrêtons pas sur la mauvaise pente où nous sommes engagés.

Le moment est critique et il n'y a pas un instant à perdre pour éviter une catastrophe. Je vous supplie, mon cher Président, pour vous, pour le pays, de prêter toute votre attention au projet financier que j'ai remis au ministre des finances. Ne voyez pas en moi seulement le directeur de la Banque, qui a pour devoir de vous signaler les dangers que fait courir au pays une situation financière des plus compliquées, mais voyez aussi l'ami dévoué que j'ai toujours été pour le général Sam. Cette amitié n'a pu que s'augmenter depuis que vous êtes Président, car celui qui est à la tête du pouvoir mérite encore plus d'amitié et de sympathie de la part de ses amis qui connaissent bien les difficultés et les préoccupations que donne une pareille charge. Vous m'avez donné trop de gages de confiance et d'amitié pour que je ne me permette pas, aujourd'hui, de m'ouvrir entièrement à vous et de vous signaler le danger qui nous menace. De grâce, Président, que le Gouvernement fasse un retour sur lui-même, qu'il comprenne enfin que la ruine est à notre porte, et que, soucieux de l'avenir, il apporte tout de suite un remède à la situation, en arrêtant les dépenses exagérées, en supprimant les emplois inutiles et en faisant des économies sur le service de la solde et de la nation ; enfin, qu'il équilibre son budget. Il le peut, et il doit le faire !

C'est de vous, cher Président, que tout le monde attend la réforme. L'affection, la vénération et le respect qu'a pour vous tout le peuple haïtien et la confiance qu'inspire à l'étranger la connaissance de ces sentiments, tout à fait en harmonie avec ceux que professent pour vous vos amis étrangers résidant dans le pays, vous donnent l'autorité suffisante pour imposer votre volonté et faire rompre avec les mauvaises tendances qui, dans les dernières années, ont porté à dépenser plus que les ressources du pays ne pouvaient le permettre. Nous avons tous les yeux fixés sur vous, et vous supplions de sauver votre Patrie.

Nous vous offrons les moyens, profitez-en, Président. Les Chambres vont se réunir et elles peuvent travailler sur notre projet.

Il n'y a pas un instant à perdre, comme je vous le disais plus haut, il faut que le gouvernement ouvre l'exercice prochain avec une administration toute autre, car chaque jour perdu creuse la fosse dans laquelle nous devons disparaître. A plusieurs reprises, je vous ai entretenu du projet qui va vous être soumis et vous sembliez redouter le mécontentement général que soulèverait la remise des douanes à des étrangers. Mais la Banque peut-elle être considérée comme étrangère ! je ne le crois pas, Président, le rôle qu'elle remplit en Haïti, depuis dix-neuf ans, lui donne le droit de penser qu'elle a rendu déjà des services signalés au pays et qu'elle inspire assez de confiance pour que le gouvernement lui confie le service de ses douanes, surtout lorsque de cette remise de service doit naître le relèvement de toute la nation.

Je suis convaincu, Président, qu'en lisant attentivement le projet que nous soumettons au gouvernement, vous vous rendrez compte des avantages immenses qui en découlent, et que, soucieux comme vous l'êtes de voir ce pauvre pays se relever et marcher dans la voie du progrès, vous n'hésiterez pas à l'adopter, à le faire adopter par le gouvernement tout entier, et à le présenter aux Chambres dès leur ouverture, car le temps presse et il faut prendre toutes ses mesures pour pouvoir l'appliquer dès le 1er octobre prochain, et faire renaître, en attendant la confiance disparue.

Veuillez m'excuser, Président, de vous parler avec autant de franchise ; mais, si je le fais, c'est, croyez-le bien, par affection pour vous et par amitié et intérêt pour ce cher pays dont la bonne et loyale hospitalité nous permet de travailler honorablement, tout en lui apportant notre concours pour sa prospérité et le désir que j'ai de voir votre passage à la première magistrature de l'Etat marqué d'un souvenir ineffaçable.

En vous priant, mon cher Président, de vouloir bien faire agréer à Mme Sam mes hommages les plus respectueux, je vous renouvelle l'expression de ma plus vive, sincère et respectueuse affection.

J. DE LAMYRE.

On comprend que cette lettre, que le général Nord Alexis trouva en arrivant à la Présidence, exalta son sentiment patriotique et le mit en grande défiance contre la Banque d'Haïti. Donner en garantie les douanes de la République !..... Mais pour lui c'était vendre son pays, ni plus, ni moins, Aussi, suffisait-il de la plus légère coïncidence, d'un propos rapporté, d'une fréquentation un peu intime avec certains étrangers, pour que dans son esprit, je l'ai déjà dit, on devînt suspect d'annexionisme.

Je ne suis pas bien sûr que si j'avais réussi dans mes démarches, en vue de contracter un emprunt sur place pour éviter une émission de papier-monnaie, il ne m'eût déclaré que, toute réflexion faite, il refusait. Du reste, je sentis bien, à ce moment, que dans les coulisses du Palais on avait commencé à intriguer contre moi, lui présentant mon entrevue avec les banquiers et les capitalistes de la place comme déjà une capitulation. Ceux qui avaient intérêt à l'émission prodigieuse qu'on préparait surenchérissaient à qui mieux mieux sur son dada favori : l'emprunt sur soi !

Or, pour mauvaise que fût la situation, il n'était pas besoin dans la session de 1904 de faire bondir la circulation du papier de 3,000,000 environ à 13,000,000 passés pour n'avoir en caisse de cette somme, moins d'un an après, le 25 avril 1905, en dépôt à la commission législative du contrôle de l'émission, que 966,477 gourdes !!! (1)

Ce fut là la faute capitale, et on se demande comment le Corps législatif a pu s'y prêter. Car où est-il le budget des dé-

---

(1) La seule parole prophétique qui fut prononcée, à l'adresse du ministre des Finances, lors de cette extravagante émission dont Chambres et Exécutif furent coupables, est celle-ci :

« Nous espérons que cet argent, dont vous allez avoir la disposition, servira à soulager le sort et la misère du peuple, qu'il ne sera pas employé au bénéfice des agioteurs, des trafiquants sur les effets publics. Nous espérons que cet argent vous en disposerez, non pour faciliter le jeu et les affaires des spéculateurs en feuilles, mais que vous l'emploierez de préférence au bonheur des vrais serviteurs de la Patrie et au soulagement de tous ceux qui travaillent et souffrent, suent et saignent pour faire vivre la République. »

(Discours de M. N. Benoit sur l'émission. Chambre des députés, séance du vendredi 19 février 1904.)

penses qui a absorbé cette différence formidable ?

Le 4 janvier 1905 parut dans le *Nouvelliste* cet article sous ma signature :

QUESTION SOCIALE

Le papier-monnaie et la Banque d'Haïti

I

Les échos de la Cour d'assises achèvent de mourir. Le procès de la Consolidation est, on peut le dire, clos. Ce n'est pas trop tôt. Durant des mois et des mois, l'Affaire a absorbé toutes les forces du pays, les a hypnotisées. C'était, comme naguère dans un grand pays, la trouée des Vosges, paralysant les initiatives, annulant les discussions, les volontés dans ce qu'elles ont pourtant de majeur : l'intérêt général, l'intérêt du pain quotidien.

Aujourd'hui, tout est consommé. L'obsession a disparu : la vie, semble-t-il, peut renaître. Et aussi, et surtout, nous pouvons examiner une situation économique qui, née de la témérité de la Banque Nationale posant « *des conditions dont l'acceptation serait la dénégation de tout ce qui a été entrepris pour ramener l'ordre dans l'administration et la plus flagrante injure à nos lois et à nos institutions »*, ne reste pas moins grosse des plus effroyables conséquences pour l'avenir.

Il ressort donc du langage officiel dont nous venons de donner ce court extrait, que, quoique étant la cause de nos maux, la Banque non seulement n'a pas voulu nous aider à les réparer, mais encore a essayé de profiter de nos embarras pour nous obliger à lui signer une amnistie générale et forcée. Nous avons résisté. Nous avons vaincu. Au prix de quels sacrifices ? De 10 nouveaux millions de papier-monnaie et de la ruine générale.

Or, il est absolument nécessaire de savoir si, passant par-dessus la tête des condamnés, le procès qui vient de se juger ne doit pas avoir sa réelle portée, si, négligeant telles ou telles considérations qui ne sont l'effet que de notre décomposition, il ne doit pas être le pivot d'une amélioration économique sensible, laquelle sera le prix de la victoire. S'il n'en était pas ainsi, il faudrait craindre que, devant la postérité, toute cette agitation reste sans signification, reste une chose vide, ne rimant à rien. Au lieu de nous mériter la louange, elle risquerait de nous attirer un haussement d'épaules.

Ce ne serait pas, au surplus, la première fois, dans notre histoire, qu'on pourrait se demander : A quoi bon ?

II

Quelle que soit l'opinion que l'on ait du patriotisme de la défunte législature, que l'on pense qu'elle ait trop songé au gouvernement et pas assez au pays, on ne peut, toutefois, oublier que l'élément déterminatif du vote de l'émission a été, pour elle, l'impérieuse nécessité de ne pas fléchir devant les exigences de la Banque et d'aider le gouvernement à faire *quand même* le procès de la Consolidation. Tous les actes, tous les discours officiels attestent que telle a été sa pensée. D'où il suit que, de ce procès, devait sortir indubitablement, selon elle, quelque chose de nouveau, soit qu'il y eût rupture du contrat, soit qu'il y eût amélioration, appropriation de ses clauses aux intérêts du pays. Elle nous a donc infligé ce mal dans une intention nettement délibérée. — A tout prendre, l'excuse est valable de résister à qui disait : « Signe ou meurs ! »

C'était un sacrifice — par nature, les sacrifices sont aveugles — imposé par la rigueur des temps et par l'*intransigeance* de la Banque. Il est fort probable que nous n'aurions pas eu 13 millions de circulation si la Banque avait voulu convenir que nous avions le droit de nous plaindre...

C'est ce droit qu'on nous contestait qui nous a fait perdre la tête. Nous n'avions besoin, en somme, que de 150 à 180,000 gourdes environ mensuellement pour équilibrer normalement notre budget. L'*intransigeance* de la Banque nous a fait oublier toute mesure. Nous nous sommes donné beaucoup de papier pour avoir peu d'argent.

Il est hors de doute que personne ne pourrait ne pas prévoir que l'émission de l'année dernière, malgré notre prodigieuse récolte de café qui a été, dit-on, de 120 millions de livres, n'aurait eu ses conséquences fatales : à savoir, une misère affreuse, un change meurtrier, un avilissement de la richesse immobilière équivalant à sa presque complète disparition. Jamais, à aucune période de l'histoire nationale, pas même aux rudes temps de Salnave où la guerre civile campait en souveraine dans les villes et dans les campagnes, nous n'avons connu détresse semblable. En effet, à cette époque-là, on pouvait dire : Morte la bête, mort le venin ! Et de fait, c'est ce qui est arrivé. Aussitôt la paix rétablie, la richesse est revenue. L'espérance était entière. Tel n'est pas le cas aujourd'hui. C'est en pleine paix que nous souffrons avec une intensité qui nous empêche de nous retourner sur notre lit d'agonie. Notre souffrance est cataleptique. Seuls, ceux qui ont des revenus en or sur l'Etat, qui possèdent des consolidés ou qui participèrent aux emprunts publics, peuvent vivre. Ils ne sont que la minorité. Le reste, c'est-à-dire la nation, en est présentement à compter aux repas *ses graines-bananes*, car chacun a peur de ne pas avoir la sienne. Il n'y a pas à parler de pain, il est inabordable de cherté et de « squelettisme ». Et, avant longtemps, si nous allons de ce train, on arrivera aussi, dans le plat de famille, et afin de les partager équitablement, à compter les grains de riz quotidien.

Hâtons-nous de déclarer que, pour affreuse que soit notre détresse, il pourrait nous arriver pis encore si la paix publique était troublée. Défendons-la avec sincérité ! Et, puisque nous avons fait tant et de si chers sacrifices pour l'avoir, rendons-la indestructible et forte, en la faisant reposer sur une réforme économique indispensable. Réfléchissons qu'en ce moment, au point de vue de nos embarras financiers, nous ne sommes pas plus avancés que l'année dernière, quand nos Chambres décrétèrent l'émission. Et il y a moins d'un an ! Faut-il persévérer dans cette voie brutale, sans phrase, sans effort cérébral ?

Non. Affirmons que c'était un sacrifice nécessaire à la justice, à la cause sacrée, immanente du droit que nous défendions contre la Banque coupable, soit. Demain, dans l'histoire, ce sera l'excuse. La main sur ses coffres, la Banque avait l'air de nous imposer la honte ou la faim. Le peuple haïtien a choisi la faim. Il est juste qu'il tire de la victoire, pour laquelle il a tant souffert, quelque avantage.

Que nos gouvernants soient donc persuadés que l'excuse dont on parlait tout à l'heure ne sera admise à la discussion de la postérité que s'ils peuvent montrer ce qu'ils ont tenté, soit avec la Banque, soit en dehors d'elle, pour une amélioration devenue inéluctable.

III

Le retrait du service de la trésorerie des mains de la Banque ne serait pas pour effrayer un esprit sage et pondéré. Qu'on ne nous parle pas des trésoriers généraux et particuliers ! Il n'y a d'aucune façon à y retourner. Mais ce qu'on pourrait fort bien, et fort utilement faire, ce serait de créer ici même une Société de Crédit Haïtien qui fonctionnerait, comme l'autre, à la capitale et dans les provinces. La direction en pourrait être confiée à cinq négociants ou banquiers : deux étrangers et trois Haïtiens. La commission accordée à la Banque Nationale pour ce service suffirait non seulement à couvrir tous les frais dans les agences et à Port-au-Prince, mais encore assurerait à l'Etat un large boni à chaque fin d'exercice. Les mesures que nous indiquerons plus bas seraient, sans inconvénient aucun, appliquées par ce nouvel instrument de crédit. Il n'inspirerait pas moins de confiance, il en inspirerait davantage que son devancier, si son Conseil de direction est bien choisi, et il le serait, car l'influence de l'Etat dans son élection devrait être nulle.

On pourrait décider qu'il soit consulté chaque année, lors de la préparation du budget général de l'Etat, et que ses avis, s'ils ne sont pas écoutés, soient soumis aux Chambres qui auraient ainsi un guide dans leurs votes et ne pourraient arguer de leur ignorance. On ne peut accorder semblable privilège à la Banque Nationale d'Haïti : on est trop habitué à la considérer comme étrangère. On le pourrait certainement à ce nouveau rouage, qui tiendrait à à être plus national. Ne pensez-vous pas qu'il y aurait urgence à cette dernière mesure ? Chaque jour, avouons-le, se perd l'espoir de rencontrer un ministre des finances assez intelligent pour comprendre que résister aux dépenses, c'est faciliter la marche des affaires publiques, c'est prouver son dévouement au chef de l'Etat, c'est sauver le pays d'une catastrophe irrémédiable.

Cependant, ce rêve de la création d'un nouvel instrument de crédit n'est pas, il semble, réalisable. Il est fort improbable qu'il prenne un corps solide, qu'il se manifeste en dehors des besoins de la polémique et des tentatives comminatoires pour obtenir accidentellement de la Banque d'Haïti de maigres et décevants subsides. Il faut compter avec la paresse, la pusillanimité des esprits, leur impréparation malgré l'événement, l'évidence des faits, malgré le temps qui ne nous a pas manqué pour préparer une solution rationnelle. Ce ne sont pas précisément les nécessités de la situation ; c'est surtout notre capacité financière qui est ici l'obstacle. La prévoyance n'est pas une vertu haïtienne. Tout s'arrange, disons-nous. En effet, depuis cent ans, on a vu comment tout s'est arrangé.

Laissons donc là ce qui serait vraisemblablement une utopie. Voyons ce que l'on pourrait exiger de la Banque, en vue, à la fin, du bien de la communauté. N'oublions pas tout ce que ce procès nous a coûté, tout ce qu'il nous a valu. Tâchons, au moins, dans un but sain, loyal, profitable à tout le monde, d'en tirer quelque avantage.

IV

Il est à supposer — et c'est dans cette hypothèse que l'on raisonne en ce moment — qu'aucun Haïtien ne professe une opinion opposée à celle-ci : que le papier-monnaie est la cause de notre détresse actuelle, et qu'un change de 500, de 600, de 1,000 peut-être un jour, avec des soubresauts, des voltiges à désarçonner le meilleur cavalier, n'est pas un signe de prospérité nationale.

On peut même ajouter, sans exagération, que c'est un signe de maladie grave. Aucune illusion n'est possible : si, en pleine paix, après une récolte de café inespérée, prodigieuse, avec un gouvernement fort — non pas absolument de ses forces militaires, mais de la conscience publique, qui se dit qu'en dehors de lui cela pourrait bien être l'anarchie suprême — après un procès qui devait être une inestimable plateforme de confiance, nous souffrons d'une telle perturbation économique, c'est que l'élément financier auquel nous avons eu recours est détestable. Il est archimauvais. Et ce serait nous décerner un diplôme de haute stupidité que d'ergoter là-dessus. Nous n'avons pas la prétention d'aller à l'encontre de l'expérience des siècles et de notre propre expérience.

Il n'y a pas à crier, quand il s'agit de déterminer les gambades du papier-monnaie, à l'impossibilité. Tout est possible avec lui. On ne peut donc vraiment pas exiger que nous ayons pour ce névrosé — qui est en même temps un Saturne féroce — la foi ardente qui animait l'année passée deux honorables organes de l'Exécutif quand, pour emporter le vote de l'émission devant les Chambres, ils proclamaient avec enthousiasme que le change resterait fixe, qu'il ne subirait aucune dépréciation... Quelque temps, l'illusion volontaire a pu se soutenir... Puis, on a parlé de le fixer — par quels clous ? — à 200, à 300, à 400, enfin à... Où sont les neiges d'antan ?

Aujourd'hui, il s'agit, comme un peuple intelligent que nous pouvons être, et qui ne se paie plus de mots, de chercher les moyens de nous tirer de cette aventure. Et tout, puisque cela semble cadrer avec notre caractère, nous ordonne d'obliger la Banque Nationale d'Haïti à nous y aider. Etablie pour ramener l'ordre dans nos finances, elle y a, à deux reprises, gravement manqué. Il ne faut pas qu'elle s'en tire, cette fois-ci, à aussi bon compte que la première. Depuis cette époque, elle n'avait pas donné prise sur elle. Elle se contentait tranquillement d'exploiter le contrat que, naïvement, comme des enfants que nous fûmes, nous lui avons voté. Rivée au roc de l'égoïsme professionnel, aucune attaque ne pouvait l'en ébranler.

Si on invoquait l'esprit de la convention qui

était sûrement en notre faveur, — car il est à supposer qu'en signant avec elle, nous avions voulu vivre et non mourir, — elle répliquait par la lettre qui ne lui commandait rien de semblable. C'était humain, plutôt inhumain, mais nous avions tort de n'avoir pas mieux stipulé. Rien donc à lui dire durant tout ce temps, rien que des reproches platoniques glissant sur la cuirasse de son indifférence.

Aujourd'hui, ce n'est plus le cas. Nous avons prise sur elle. Je ne parle pas de ses responsabilités pécuniaires. Mais on peut envisager une autre responsabilité beaucoup plus haute : sa responsabilité morale. Et, au nom de celle-ci, on peut lui dire : « Il faut vous démettre ou vous soumettre, dans l'intérêt du pays. »

Soyez sûr qu'elle ne se démettra pas.

V

Nous avons, ou à peu près, une circulation actuelle de 12 millions de papier-monnaie. Au change de 500, cela donne $ 2 millions or. Au change de 1,100, cela ne fait que $ 1 million or.

Il semble que $ 1,500,000 or seraient suffisamment raisonnable pour racheter ce papier-monnaie.

Je suppose même qu'il ne serait pas difficile — et ce serait la fin de la Banque d'Haïti — de les trouver aux Etats-Unis. Abrité derrière les messages de son président, le peuple américain est peut-être le peuple le mieux placé pour nous prêter de l'argent, avec ou même sans garanties.

Mais... Je n'ai pas besoin de m'étendre davantage là-dessus. Personne ne peut nous faire le reproche de nous montrer très circonspects en cette matière. Et on peut penser, sans être taxé d'irrévérence envers eux, que nos hommes d'Etat, qui peuvent être très forts, auront toujours grand intérêt cependant à éluder cette éventualité, de crainte, sans y prendre garde, de signer pour nous quelque contrat pire encore que celui de la Banque d'Haïti. Car nous n'avons, en somme, aucune raison de devancer la fatalité historique, à moins que ce ne soit dans le but certain d'assurer notre bonheur. Donc, si nous n'en sommes pas actuellement très convaincus, il vaut mieux continuer dans notre ancienne routine.

Il me paraît improbable que la Banque Nationale d'Haïti, institution française, ne fasse pas un patriotique effort, pressée par l'aiguillon de notre volonté, pour défendre l'influence de sa race. De ce côté, il faut qu'elle soit persuadée que nous serons avec elle, nos origines, notre langue, notre mentalité ne pouvant que nous obliger à nous résigner, sans plus, à chercher aide ailleurs qu'en France.

Il faut donc que la Banque, pour asseoir notre assiette économique sur des bases sérieuses, retire notre papier-monnaie. Elle le fera dans les conditions suivantes :

1° Elle émettra, pour le retrait des 12 millions de gourdes, 1,500,000 billets-dollars, garantis par les impôts créés par la loi du 11 août 1903, par l'ensemble des revenus de la République et par elle-même. Ces billets-dollars auront cours légal ;

2° De cette émission, 300,000 billets-dollars seront en coupures de 25 et de 50 centimes ;

3° A partir de cette émission, tous les droits de douane généralement quelconques, importation et exportation, seront payables en or ou en billets-dollars ;

4° Il sera cependant facultatif, à certaines époques, au ministre des finances, de réclamer le montant intégral des droits d'importation exclusivement en billets-dollars.

Par contre, il ne lui sera jamais permis de demander que les droits d'exportation soient acquittés dans une monnaie plutôt que dans l'autre. Le droit restera absolu, pour l'exportateur, de payer comme il veut ;

5° Les intérêts et l'amortissement de la dette publique seront payés en or ou en billets-dollars. Exception est faite, cependant, pour l'Extérieure, dont le service continuera à se faire en francs. Tout comme le crédit de l'affectation est débité de la conversion et de la négociation des espèces ou effets, ainsi, s'il y a quelque différence de change, la perte sera à la charge de l'Etat ;

6° Désormais sera supprimée la taxe spéciale sur café-triage, tous les cafés exportés devant payer les mêmes droits. Car il n'est pas conforme à une bonne administration de laisser dans l'impôt une classification louche, permettant à l'Etat, par tolérance intéressée ou par incurie, de frustrer ses créanciers de l'affectation qui leur est dévolue. Insensiblement, et avec la gêne croissante, une administration peu scrupuleuse arriverait à leur enlever ladite affectation en totalité.

Il faut donc supprimer cette classification déloyale.

Bien que cela n'ait aucun rapport avec le sujet qu'on traite ici, mais comme il s'agit du relèvement économique général du pays, on pourrait, dans ce même ordre d'idées, *qu'il faut de la loyauté en affaires,* recommander le retrait radical de la déplorable loi sur la liquidation judiciaire. Elle est un fléau pour notre crédit. Elle a tous les droits de figurer, à l'égal du papier-monnaie, dans la nomenclature des morticoles nationaux ;

7° La Banque Nationale d'Haïti aura droit à un intérêt sur les billets en circulation, intérêt qui sera calculé après les balances restantes à chaque retrait partiel.

VI

On objectera peut-être qu'on ne trouve pas en tout ceci une ressource nouvelle, précise, créée en faveur de l'Etat, ce à quoi, d'ordinaire, se recommandent les bons plans. On pourrait répondre qu'on n'enlève rien au Trésor de ses ressources actuelles, qu'au contraire, dans la stabilité économique assurée, il trouvera le moyen de vivre, de se consolider une existence paisible, sans souci, une existence de rentier qui palpe et consomme ses revenus. C'est précisément cette vie qu'il lui serait souhaitable d'embrasser, à condition qu'il voulût bien. Mais, sans entrer dans le fond de la question, — ce sera l'objet d'un autre article — disons que le budget des dépenses n'étant plus en gourdes dépréciées, devra être logiquement ramené, pour les services de toutes sortes, aux proportions d'une monnaie de bon aloi. Et que, peu après le retrait des 12 millions, l'Etat devra procéder à l'unification et à la conversion, à l'étranger, de *toute* sa dette intérieure. L'opération bien conduite, et étant donnés les taux divers d'intérêts et les particularités des créances, n'absorbera pas la totalité de 1.46 2/3 or des droits restant sur le café et actuellement affectés aux consolidés ; il en réchappera quelques centimes si nous ne nous laissons pas *piger* comme en 1896.

Le cacao et le campêche deviendront libres. Peut-être aussi sera disponible un certain boni sur le café. L'Etat devra s'en contenter, et c'est déjà assez beau. Toutes nos dettes, généralement quelconques, intérieure et extérieure, seront donc gagées sur la taxe unique des trois dollars.

Reprenons notre sujet, car, on le répète, on reviendra plus amplement sur cette toile de Pénélope de la Consolidation et de l'Unification que nous tissons et détissons sans cesse...

S'il était démontré qu'on ne peut s'entendre avec la Banque Nationale d'Haïti sur ces bases, ou sur d'autres, mais ayant toutes pour objectif le retrait du papier-monnaie, qu'on fonde, en lui retirant définitivement et *complètement* le service de la trésorerie : le *Crédit Haïtien*. Je suis persuadé que le bénéfice qui, les frais soldés, resterait des commissions actuellement payées à la Banque, constituerait chaque année un bel appoint à l'amortissement des billets-dollars. Il n'est pas défendu non plus de constituer au nouvel établissement quelques avantages particuliers et de l'obliger en même temps à faire un apport sérieux en titres de l'Etat. Quelle entrée en matières, quel début dans le marché serait, par exemple, de lui confier la conversion de la dette intérieure à l'étranger !

Dans l'une ou dans l'autre hypothèse, entente ou rupture, il faut débarrasser le pays des 12 millions de papier-monnaie.

Une erreur commune et dans laquelle tombent assez souvent nos gouvernants, consiste à croire que les banquiers sont l'adversaire du papier-monnaie. Je n'irai pas jusqu'à dire que, s'il n'existait pas, il l'eussent inventé ; mais on est obligé de constater qu'ils s'en accommodent assez bien, que c'est grâce à lui qu'ils vivent, que c'est lui qui est la matière principale de leurs spéculations, qu'il multiplie leurs affaires, parfois dans la ruine, parfois dans le deuil, mais, enfin, qu'il les multiplie. Et s'il n'y avait pas de papier-monnaie, il n'y aurait plus sur notre place cette activité malsaine qui fait partie de l'existence même du spéculateur et de ses coassociés, les courtiers et agents de change... Tout le monde spécule, riches ou pauvres, et moins on a d'argent, plus on est audacieux. C'est logique.

Cependant, sous cette catégorie, et bien aplati, se débat le commerce régulier, haïtien et étranger. Il faut songer à lui. Il faut songer au paysan, de qui on achète les denrées en monnaie dépréciée, lesquelles sont vendues au dehors, en bonnes espèces. C'est une duperie. Il est de notre devoir de la faire cesser. Il faut considérer aussi que, quand, dans notre pays, le change hausse fantastiquement, on s'arrête peu aux causes économiques. On croit tout de suite à autre chose. C'est un complot, dit-on, une conspiration contre l'ordre public. La sagesse ordonne donc de supprimer ou de discipliner le plus possible, quand on ne peut faire autrement, cet obstacle à la paix, à l'harmonie des esprits.

En Espagne, pour ne prendre que ce pays, il y a aussi un problème du change. Quand un Espagnol veut envoyer à l'étranger 100 francs, il faut qu'il donne 136 pesetas, à l'heure, bien entendu, où j'écris ces lignes. Mais là, il existe une institution d'Etat : la Banque d'Espagne. Elle veille sur les pesetas. Sans elle, les pesetas cabrioleraient. La circulation des billets n'est pas gagée, comme ailleurs, en espèces et en effets de commerce escomptés. Elle ne repose que sur les dettes de l'Etat. Elle représente environ 85 francs par tête d'habitant.

Chez nous, la circulation des billets-dollars, sur une population de 1,350,000 habitants (Bulletin religieux d'Haïti), représentera à peu près $ 1.10, soit 5 fr. 87 par habitant. Et il n'y a pas de doute que, si l'émission des $ 1,500,000 arrivait au moment opportun, dans la récolte, les billets, *au moins*, ne soient au pair tout de suite avec l'or. Songez que, après avoir servi à retirer le papier-monnaie, ils ont l'importation, l'exportation, le service de notre dette intérieure à satisfaire. Il n'y a pas de doute qu'aucune dépréciation n'est à craindre. Comme au bon temps jadis, avant la fantaisie de Salomon — que jusqu'ici personne n'a flétri, comme la postérité certainement la flétrira, de nous avoir octroyé le papier-monnaie sans nécessité — il sera indispensable d'importer chaque année de très nombreux barillets d'or pour faire face aux besoins du commerce. Ce sera tout profit pour la nation. Certains spéculateurs s'en plaindront, eux qui aiment à payer les Haïtiens en monnaie de singe. Le peuple s'en réjouira, car une bonne partie de cet or, après avoir roulé dans le pays durant la période des affaires, lui restera, la morte-saison venue. Il pourra continuer à élever ses fils en Europe. On pourra voir encore des rejetons de cabrouétier, des rejetons d'humbles artisans devenir des illustrations, des renommées intellectuelles de leur pays. Personne, riche ou pauvre, ne sera plus forcé, comme de nos jours, de faire rentrer ses fils dans le pays, de discontinuer leurs études parce qu'il faut une gourde et demie pour faire 1 franc !

Dans quelques années, l'ordre sera rétabli. L'anarchie financière aura vécu. Il n'est pas défendu, dans cet intervalle, à nos hommes d'Etat, de songer à d'autres mesures, de s'occuper peut-être du développement de notre richesse agricole. Nous avons l'air de l'oublier, mais ce n'est que grâce aux produits du sol que nous existons, fort petitement pour le quart d'heure...

VII

On ne s'est attaché, dans les lignes qui précèdent, qu'à la partie essentielle, véritablement importante pour le pays, et en l'hypothèse d'une entente possible avec la Banque. Il est évident que des points secondaires, lesquels intéressent plutôt le gouvernement et son ministre des finances, seraient à débattre. On comprend, par exemple, que des questions d'élasticité dans le crédit de l'Etat, de dégrèvement d'intérêt dans les comptes courants, en dehors des questions de responsabilité soulevées par le récent jugement du Tribunal criminel, tout en restant par elles-mêmes fort intéressantes, n'ont pas, à nos yeux, le valeur du sauvetage de la nation auquel nous faisons à la Banque l'honneur de la convier. A une époque, ces questions-là pouvaient être capitales. Aujourd'hui, elles sont au second plan. On aime à espérer qu'éclairée par l'expérience, l'institution se prêtera d'elle-même à une entente honorable, fructueuse en faits, aussi bien pour elle que pour nous. Cette entente, définitivement, fera cesser le cruel malentendu qui a toujours existé entre elle et le peuple haïtien, car, après le retrait, ce sera un mot désuet que celui qui affirmait, depuis près d'un quart de siècle, qu'elle n'avait de *national* que le nom...

Cependant, il est indispensable de faire remarquer que cette entente, si elle peut se faire, devra être franche, complète, loyale des deux parts.

Du jour où elle aura été proclamée, il faut qu'elle soit sans réticence. Ce n'est qu'à cette condition qu'elle produira de bons effets. Gouvernement et Banque devront s'appliquer à marcher d'accord, non pas dans l'ombre, mais en pleine lumière, et pour relever enfin ce pays de toutes ses ruines. Du côté de la Banque, il est à peu près certain qu'après cette dure leçon, elle sera désormais circonspecte, qu'elle n'écoutera plus jamais la perfide conseillère qui conduit à la Cour d'assises...

Je crois qu'on peut avoir confiance. Jamais plus, après cette leçon, les comptoirs de la Banque Nationale d'Haïti n'oublieront qu'ils nous doivent l'exemple de l'ordre, de la moralité, du scrupule, que c'est pour cela, pour cet objet supérieur, que nous payons de *notre argent* à leurs employés des 500 à 600 dollars-or par mois, quand, cependant, nos fonctionnaires à papier déprécié crèvent de faim. Jamais il ne s'y brassera des affaires louches. Il n'y a plus de ministre capable, dans l'avenir, de transformer les bureaux de la Banque en officine.

Ah ! vous voulez qu'elle résiste, qu'elle sache résister à des ordres illégaux et dans l'intérêt de la patrie ? Je vous affirme qu'elle résistera désormais, surtout si vous savez, comme cela doit être, lui faire payer *au profit public le* prix de la victoire...

Au surplus, ce procès ne peut pas rester une lettre morte, un écho que le vent disperse. Il impose à tout le monde de multiples devoirs. Au gouvernement, il dicte celui-ci : la clarté, la lumière, le soleil dans nos affaires financières. On comprend que la politique, la diplomatie se satisfassent de mystère et d'ombre. Il n'en est pas de même en matière de deniers publics.

N'oublions pas que cette maudite Consolidation, dont le principe même — à part sa pratique qui n'est plus à qualifier — fut une des causes principales de la ruine nationale (car elle *consolida* parmi nous une classe de privilégiés au regard de la misérable classe des porteurs de papier-monnaie) ; n'oublions pas que cette Consolidation s'est faite dans l'ombre, le mystère, les ténèbres. Rappelons-nous qu'à la Cour d'assises nous avons entendu le chef de la comptabilité du ministère des finances déclarer :

« — Chaque fois que je demandais les comptes de la Consolidation pour les dresser, le ministre me répondait invariablement : Laissez ça ! »

Après ce procès qui, en définitive, a été celui du jour à la nuit, de la lumière aux ténèbres, après ce début dans lequel le chiffre lumineux a triomphé des entrelacements où l'on essayait de le faire trébucher, il est logique, et c'est le corollaire de toute cette longue année d'agitations et de souffrances, que désormais la clarté, la publicité, soient la règle immuable en nos affaires financières.

Si nous pouvons ou si nous devons nous taire quand il s'agit de politique, prenons la saine habitude de discuter quand il s'agit de notre argent. Nous ferons moins de bêtises, ou, si nous en faisons, malgré tout, ce sera une consolation de nous dire que cela n'a pas été en dehors de notre participation. Les questions financières sont bien vite, qu'on le veuille ou non, des questions sociales en ce pays.

Cet article soulèvera des objections. Je réponds que je n'ai pas la prétention de croire à l'excellence de mes idées. On peut les négliger. Ce qui n'est pas négligeable, c'est la réalité de notre situation. Si donc je contribue, si peu que rien, à faire adopter une solution satisfaisante à la question du change, je penserai n'avoir pas écrit en vain.

J'ai tenu, malgré sa longueur, à reproduire ici cet article pour plusieurs motifs... Entre autres, je ne crois pas qu'il nuisit (1) à la détermination de M. Van Wyck, directeur de la Banque Nationale d'Haïti, de me choisir comme un de ses commissaires pour solutionner les difficultés existant entre le Gouvernement et la Banque. Ensuite, je crois qu'il détermina, de son initiative propre, en dehors des petites coteries, le Président de la République à m'appeler de nouveau le 9 avril 1905 pour m'offrir le portefeuille des Finances.

Il y a un mot, dans l'article, — la fatalité historique — qui a eu tout de même une étrange destinée... Du reste, j'ai souvent rencontré cette malechance de voir dénaturer ma pensée, torturer le sens de mes

---

(1) Au contraire. C'est pourquoi je crus, quand je fus appelé au Département des Finances, que l'exécution de mes idées trouverait dans la Banque un appui sincère.

phrases, bien que je m'évertue à écrire le plus clairement possible. En quoi, employé de la façon qu'on a vu, ce mot peut-il exciter la susceptibilité chatouilleuse de notre patriotisme ? Eh bien ! chaque fois qu'un bateleur quelconque, un histrion de la plume, en quête de tapage, en mal de fausse vertu civique, veut se signaler à la badauderie haïtienne, il parle de ma *fatalité historique*. En quoi ai-je pu blesser, je le demande, le sentiment national en l'avertissant qu'il faut nous garer de nos puissants voisins, prendre garde de s'engager avec eux à la légère ? Il me semble que le conseil que je donne de ne pas devancer imprudemment cette fatalité historique, qui pèse sur l'archipel des Antilles, est bon. Mais on a voulu lire de travers, ne pas voir l'amertume, la tristesse qui étaient le fond de ma pensée... (1).

---

(1) Ministre des Finances plus tard, je n'ai pas pu, malgré mes efforts, trouver des capitalistes en Europe pour créer une nouvelle institution de crédit, la Banque Nationale

Quand M. Ch. Van Wijck, directeur de la Banque d'Haïti, vint me proposer d'être un de ses commissaires, je refusai et je lui donnai lecture de l'article.

— Mais, me dit-il, c'est précisément pour la raison que vous objectez que vous ne passez pas pour un ami de l'institution telle qu'elle a fonctionné jusqu'ici, — c'est pour cette raison que je vous ai choisi. La Banque veut aujourd'hui l'entente sincère, cordiale, établie sur des bases solides. C'est ce que vous voulez aussi. Nous voulons une œuvre sérieuse, à l'avantage du pays. N'est-ce pas ce que vous demandez ? Vous ne pouvez donc refuser et nous sommes d'accord.

Un tel langage faisait honneur à M. Ch. Van Wijck. J'acceptai. Et c'est pourquoi plus tard j'eus confiance, pourquoi, arrivé au ministère, je voulus faire aboutir définitivement un accord durable... N'avais-je

---

d'Haïti nous faisant fermer toutes les portes. Mais j'ai des motifs de croire que cela aurait été assez facile aux Etats-Unis, et je n'ai pas voulu,

pas quelque droit d'y compter, puisque le directeur de la Banque savait à l'avance la ligne de conduite que j'allais tenir dans la Commission? La Commission avortant, et appelé aux finances, ne pouvais-je pas penser que le programme que j'avais exposé et qui n'avait pas empêché M. Ch. Van Wijck de me donner sa confiance comme commissaire de la Banque pouvait être repris d'un commun accord dans l'intérêt et du pays et de son établissement? Je l'ai sincèrement cru.

On sait dans quelles conditions la Commission fut constituée. La dépêche du Président de la République au Secrétaire d'Etat des Finances s'exprimait ainsi :

« A la suite d'un entretien que j'ai eu hier matin avec le Directeur de la Banque, j'ai pris la décision de nommer une commission de cinq membres qui sera chargée, conjointement avec des commissaires désignés par la Banque, d'étudier différentes questions financières en litige.

« La mission des deux commissions portera conjointement sur les points suivants :

« 1° De régler, par transaction, toutes questions pendantes ou qui pourraient l'être entre la Banque et le Gouvernement et relatives au procès qui vient d'avoir lieu sur la Consolidation quant aux responsabilités civiles de la Banque ;

« 2° D'apporter toutes modifications nécessaires et utiles au « Règlement pour le Service de la Trésorerie » et au Contrat constitutif de la Banque Nationale, sanctionné par le décret de l'Assemblée nationale du 10/15 septembre 1880 ;

« 3° D'élaborer et de soumettre au Gouvernement tous moyens et plans de réorganisation des finances et de l'administration générale de la République. »

Réunie aux cinq autres membres choisis par la Banque, la Commission s'intitula « Commission mixte de réorganisation administrative et financière ». Elle fut reçue quelques jours après au Palais National.

Le Président de la République lui parla ainsi :

« Un mauvais arrangement vaut mieux qu'un bon procès. Après la lutte il faut bien arriver à l'apaisement. Et si l'on veut, bien des difficultés qui demanderaient un long temps avant d'être aplanies le seront à bref délai, pourvu que l'on mette, de part et d'autre, du bon vouloir et un esprit pratique.

« Le Pays et la Banque, nous ferons désormais bon ménage ensemble, si la Banque veut nous être utile, si elle veut aider au développement du crédit national et à l'utilisation, par le travail, de nos ressources naturelles. Qu'elle consacre une partie de ses fonds à des entreprises bien conçues qui seront tout aussi avantageuses pour elle-même que pour nous. J'espère que cela sera. Cela peut être à bref délai. Elle n'a qu'à s'animer de l'esprit nouveau qui convient aux circonstances actuelles. Elle n'a qu'à se pénétrer de ses devoirs envers nous, à se décider enfin à employer, dans son propre intérêt qui ne doit pas être séparé du nôtre, ses propres capitaux et ceux que lui peut procurer son crédit. Qu'elle se prête, en un mot, aux concessions nécessaires !

« Ainsi deviendrait définitive l'entente conditionnelle que nous faisons en ce moment avec elle. »

En ces quelques mots le Président de la République définissait fort exactement l'œuvre de la Commission, et ce qu'on était en droit d'attendre de la Banque. Malheureusement, rien d'efficace ne devait sortir de ses travaux. Elle discuta, elle délibéra, elle n'aboutit pas.

Dès les premières séances, il ne fut pas difficile de se convaincre que les décisions de la majorité étaient sans valeur, sans sanction possible pour la minorité que formaient les commissaires de la Banque. Car battue dans le vote, elle se contentait de faire ses réserves, tout en déclarant qu'elle en référerait au Siège social. Or, comme natuellement elle s'appliquait en lui présentant ses propres arguments à les soutenir, à les dresser comme d'intérêt immédiat pour la Banque, sans se croire obligée à défendre le vote de la majorité ou même à déduire les raisons de ce vote, fatalement la Commission de réorganisation administra- et financière était condamnée à piétiner indéfiniment sur place...

III

Le 10 avril 1905, dans l'après-midi, au son accoutumé du tambour et des trompettes, l'arrêté suivant fut publié dans les rues de Port-au-Prince :

NORD ALEXIS
Président de la République

« Vu les articles 98 et 113 de la Constitution,

« A ARRÊTÉ ET ARRÊTE CE QUI SUIT :

« ART. 1ᵉʳ. — Le citoyen Frédéric Marcelin est nommé Secrétaire d'État des Finances et du Commerce en remplacement du citoyen Constant Gentil, dont la démission a été acceptée.

« ART. 2. — Le présent arrêté sera imprimé, publié et exécuté.

« Donné au Palais National de Port-au-

Prince, le 10 avril 1905, an 102ᵉ de l'Indépendance.

Ce jour-là, vers les onze heures du matin, je remontais à Pétionville où les médecins avaient envoyé ma femme malade, quand un aide de camp qui, me disait-il, me cherchait par la ville depuis quelques instants, m'apprit que le Président de la République me mandait en toute hâte. Je répondis que j'allais venir. A quoi l'aide de camp répliqua qu'il avait ordre de ne pas revenir sans moi. Mon *buss* était rempli de provisions diverses que je venais d'acheter au *Bord-de-Mer* et que j'apportais à Pétionville pour les besoins de ma famille. Je ne pouvais décemment arriver dans la cour du Palais dans cet attirail. Cela n'aurait guère été protocolaire, bien qu'il n'y eut pas, comme de nos jours, de directeur du protocole pour me rappeler aux règles. Cependant l'aide de camp insistant, je le fis monter à mon côté dans la voiture. Il m'accompagna chez moi à Turgeau où je déposai mes victuailles.

Puis tous deux nous allâmes au Palais.

Le Président me dit simplement :

— Je vous ai nommé ministre des Finances.

— Mais, Excellence, lui répondis-je, je ne puis guère accepter cette charge en ce moment : ma femme est malade, très malade.

— Cela ne fait rien, je vous donnerai tout le répit nécessaire. Mais il est indispensable pour le pays, pour le gouvernement, que la vacance au Conseil soit comblée sans retard. Vous m'avez promis votre concours. Vous le devez au pays. Vos sentiments pour mon gouvernement n'ont pas changé, j'espère ? J'ai déjà signé l'arrêté qui vous nomme.

— Cependant, Excellence, je me permets d'insister, il me faut absolument quelques jours devant moi. J'accepte, puisque vous le voulez et puisque vous croyez que je puis vous être utile. Pourtant, que l'arrêté ne soit pas publié avant deux ou trois jours.

— Soit, dit le Président.

Je remerciai, je retournai à Turgeau, je repris mes provisions et j'allai retrouver ma famille à Pétionville. Elle fut bien surprise quand je lui appris ce qui s'était passé. Mais dame! dans deux, dans trois jours bien des choses se font, se défont et la politique, surtout celle de l'époque, était changeante...

Cette après-midi-là même, vers les six heures, tandis que nous étions tous au chevet de ma pauvre femme qui venait d'avoir une violente indisposition, un de mes amis, sportsman renommé de Port-au-Prince, arriva. Descendant de son cheval blanc d'écume, il s'étonna de trouver la maison dans ce calme :

— Vous ne savez donc pas, s'écria-t-il, il y a grande publication et *coudiaille* en ville. Vous êtes ministre !

Je n'écris pas pour farder la vérité et on peut être sûr que je ne la déguiserai pas... Eh bien ! je dis que j'avais la plus grande appréhension d'être ministre. J'avais refusé de l'être en décembre 1904, dans des conditions, à mon sens, autrement meilleures. Car, fussé-je arrivé à une émission de papier-monnaie, personne ne peut croire que d'un coup j'eusse demandé 10,000,000 aux Chambres. En admettant que je n'aurais pu arrêter la marée des dépenses et que, les recettes n'augmentant pas, je fusse forcé d'en arriver là, je n'y serais arrivé que progressivement. Et il me semble que, même dans cette hypothèse fâcheuse, ce chiffre, par doses successives, aurait pu suffire très largement pour toute la période du septennat. Et comme le retrait fonctionnait, à la fin il ne serait resté en circulation qu'une quantité de papier-monnaie presque normale. On n'aurait pas eu besoin successivement de faire des frappes de nickel, puisque chaque année on eût trouvé une ressource extraordinaire dans 1,500,000 gourdes d'émission, à peu près suffisantes pour boucler le budget des dépenses. Le retrait, annuellement, en absorberait à peu près autant. Mais ayant porté dès le début la circulation à 13,000,000, et ayant dépensé presque en totalité les dix nouveaux millions émis, le ministre des Finances se trouvait, dès 1905, forcément pris dans une situation inextricable et forcément obligé de trouver des ressources extraordinaires pour solder les dépenses en déficit.

J'entendais tout le monde parler de retrait autour de moi, il est vrai. Mais je me demandais parfois si tout ce monde-là était sérieux, car vraiment c'était une singulière façon de s'y préparer que de doter le pays, en plus de ce qui existait déjà, d'une nouvelle circulation de 10 millions de papier-monnaie.

Dans ma jeunesse, j'avais vu proclamer, par des hommes qui passaient pour être très expérimentés, que la meilleure façon de finir avec le militarisme était de prodiguer les grades militaires, d'en donner à tous ceux qui en voulaient, d'en déposer dans le berceau de tous les nouveau-nés. Il paraît qu'on voulait agir de même avec le papier-monnaie. Exécutif et Corps législatif, de concert, forçaient l'émission pour arriver au retrait, pour démontrer qu'il était indispensable, inéluctable. Or, le militarisme est plus puissant que jamais en Haïti...

Mais ce n'était pas là la seule raison de mon peu d'enthousiasme pour le ministère. Il existait des motifs d'un ordre plus intime et qui justifiaient mon hésitation.

A cette époque, il y avait un groupe de citoyens auquel je me plais à rendre un éclatant hommage pour ses lumières et son patriotisme : il aspirait au ministère. Un plan de gouvernement avait été élaboré. On l'avait même, je crois, soumis au général Nord, lequel, avec sa malice habituelle, n'avait dit ni oui ni non. Certes, il l'avait, m'avait-on assuré, approuvé avec énergie. Cependant il n'avait pas dit quand il le mettrait à exécution. Or tout était là. Dans ce plan de gouvernement, on m'avait réservé le portefeuille des Travaux publics. Je répète ici ce que le rédacteur en chef du plan m'avait dit, car plus tard un intime m'a confessé qu'on ne me réservait rien du tout, puisque ce même portefeuille lui était promis. Mais je me hâte d'ajouter que je n'en crois pas un mot, ayant toute confiance dans la loyauté du rédacteur en chef. On m'avait donc parlé des Travaux publics. J'avais fait exactement comme le général Nord : je n'avais dit ni oui ni non. J'avais écouté. Ce n'est pas que le plan ne me parût très beau, et que je ne fusse très heureux d'y collaborer, ayant, au surplus, je le répète, pour le groupe, à part quelques dissidences d'opinion, la plus profonde estime. Toutefois je voyais bien que tout cela n'était que chimères. Alors à quoi bon s'y attarder ? La chimère qui, en art, est créatrice, est, en politique, l'impuissance même.

Cependant, accepter le portefeuille des Finances pouvait paraître — bien que je n'avais pris aucun engagement, me contentant de quelques vagues signes de tête quand le rédacteur en chef du plan me le développait — une trahison. Cette apparence de trahison pouvait m'attirer le ressentiment du groupe et je tenais, je l'ai dit, à conserver ses bonnes grâces, d'abord parce qu'il était très influent, ensuite parce que, évidemment, il représentait un idéal politique honnête, idéal politique qui remontait à Edmond Paul et que naguère, sur ma route, j'avais rencontré.

En effet, quand j'occupai la première fois le ministère des finances, je m'étais trouvé dans une situation qui pouvait avoir quelque analogie avec celle-ci. Mais alors avec plus de liberté dans mon action, car je considérais, encore en ce moment, Edmond Paul comme un adversaire politique. Or, voici ce qui se passa à l'époque : il avait été convenu que, dans la réunion qui aurait lieu le lendemain au Palais National, le Président Hyppolitte m'attribuerait le portefeuille des Travaux publics et celui des Finances à Edmond Paul. Edmond Paul devait donner lecture de son programme, et tous nous devions protester contre ce programme. De là la retraite forcée d'Edmond Paul et ma nomination aux Finances. Donc, quand Edmond Paul donna lecture de son programme, tous mes collègues futurs protestèrent, selon ce qui avait été entendu. Mais je pris la parole et je déclarai que ce plan de Gouvernement était parfaitement exécutable, qu'il y avait intérêt, en tout cas, à essayer de l'exécuter. Etonnement de mes collègues. Petits coups répétés pour appeler mon attention derrière la jalousie, où se tenait le directeur de la politique. Cependant, je continuai à développer mes idées et on fut obligé ce soir-là d'accepter le programme d'Edmond Paul.

Le directeur de la politique me fit après de vifs reproches.

— C'est une trahison, me dit-il. Vous nous avez trahis ! Vous avez livré le Gouvernement !

— Comment cela ? lui demandai-je. S'il y a possibilité de faire le bien, ne devons-

6.

nous pas le tenter ? Si nous ne sommes pas des apôtres, soyons au moins des hommes de bonne foi et mettons nos consciences en repos.

Cependant, la situation, sous le général Nord, n'était pas la même... Toutefois, je ne pouvais me défendre de quelque hésitation à accepter le portefeuille des finances quand j'étais au fait qu'il y avait, dans un carton, un plan de gouvernement, lequel, en somme, partait d'un idéal supérieur, bien qu'impraticable pour le moment. Je redoutais la manifestation de ressentiments injustifiés... De fait, cela faillit arriver dès le début.

A côté de ce motif que je viens d'essayer d'expliquer, il y en avait encore d'autres... Je ne retiens ici que le bruit qui courait qu'une camarilla redoutable, subdivisée à l'excès, selon les intérêts divers qu'elle représentait, entourait le général Nord. Ne faudrait-il pas compter avec elle et avec ses multiples subdivisions ? Selon leur tempérament, leur degré de violence, de faiblesse, nos chefs militaires, comme ailleurs dans les premiers âges historiques du globe, ont été plus ou moins dominés par ces influences occultes contre lesquelles ils sont sans défense. Cela se comprend sans peine, le chef de l'État étant tout dans notre rouage social et n'étant guère préparé par son éducation à ce rôle prépondérant. Forcément il n'y comprend pas grand'chose ou il comprend tout de travers, ce qui est encore pis.

Eh bien ! sans vouloir prétendre qu'il ait échappé à l'influence des camarillas — et j'expliquerai comment il n'y a pas échappé — j'affirme que leur influence n'a jamais été d'un poids décisif dans les grandes lignes de la politique du général Nord. Je l'ai dit déjà et je le répète : en bien ou en mal, il avait une puissante volonté. C'était incontestablement un cerveau, et il est à regretter qu'il n'ait pas reçu le bienfait d'une culture intellectuelle complète. On n'a jamais vu le général Nord dire une bêtise. Il a pu, partant d'une idée fausse, exagérée, intransigeante, en tirer des raisonnements faux, exagérés, intransigeants. Mais la déduction en était logique, rigoureuse, correcte avec le point de départ.

Toutefois, je n'en savais rien. Mon hésitation était grande de servir un chef d'Etat, militaire endurci, vieilli dans les camps, presque nonogénaire et à demi-aveugle par-dessus le marché. Quelle situation serait la mienne ! Le général crut comprendre sans doute la nature spéciale de cette hésitation, car, dans une des entrevues préliminaires, il me répéta avec insistance : « Je suis un homme bien élevé, monsieur ! » De fait, durant quelques mois, à mon arrivée au ministère, je sentis que mes actes, mes dépêches au Président, mes moindres paroles étaient passés au crible par quelques personnes — j'aurai l'occasion de revenir là-dessus — jusqu'au jour où j'eus avec lui, seul à seul, dans sa chambre, loin de tout regard et de toute oreille indiscrète, une décisive conversation. Du reste, j'avais déjà, au début, souffert sous Hyppolitte du même mal. Pour le déjouer, j'avais employé le même remède.

— Si vous avez quelque chose à me reprocher, avais-je dit aux deux chefs d'Etat, appelez-moi. Mettez-moi au courant et en face du dénonciateur. Ne gardez pas cela pour vous, comme un secret d'Etat. Je suis loyal, et il faut agir loyalement avec moi, sans réticence. Vous pouvez être sûr que je ne manquerai pas à mon serment de vous servir fidèlement, sans arrière-pensée, sans palinodie, et sans tenter jamais de m'ériger un piédestal à vos dépens. Et cela, je vous le jure, jusqu'au bout !

Ce fut sous ces diverses impressions que je devins ministre des Finances le 10 avril 1905.

Ma préoccupation principale, dès mon installation au Département, fut de travailler à une conclusion pratique avec la Banque

Nationale d'Haïti. C'était indispensable si je voulais arriver à l'amélioration de nos finances, au relèvement du commerce et au raffermissement du crédit public.

La Banque, comme premier pas de l'entente, me demandait de signer la convention réglant les effets financiers des jugements des 25 et 27 décembre 1904. La Commission de réorganisation financière me le demandait aussi, car le 18 avril 1905 elle m'écrivait :

« Nous avons eu l'honneur de vous remettre (1) depuis le 14 février 1905 le projet de Convention tendant à régler les effets financiers des jugements des 25 et 27 décembre 1904, en ce qui concerne les responsabilités de la Banque Nationale d'Haïti du fait de ses agents. Ce projet de Convention, que le Conseil d'administration de la Banque a autorisé son Directeur à accepter définiti-

---

(1) C'est-à-dire au Département, n'étant pas ministre à cette date.

vement, reste encore soumis à l'appréciation du Gouvernement. »

J'avais la conviction profonde que dans l'état actuel du pays il était impossible de rien tenter de profitable à la chose publique en dehors de la Banque. C'était le seul, l'unique instrument de crédit que le pays possédât. Seul, il avait les capitaux nécessaires ; seul, il pouvait, avec l'Etat, donner de la sécurité à notre papier-monnaie et nous aider plus tard à le retirer de la circulation. D'un autre côté, je me disais que c'était dans cette entente que la Banque trouverait un profit rémunérateur et qu'elle devait en être très soucieuse, au fond, privée qu'elle était depuis deux ans de toute affaire lucrative avec le Gouvernement. Aussi jamais, selon moi, l'intérêt de deux parties en présence ne fut plus d'accord. C'était cet intérêt-là qui devait rendre l'entente indispensable et profitable des deux côtés.

J'étais donc absolument décidé à signer la

convention. Cependant, pour plus de sûreté, pour vaincre surtout les dernières hésitations du général Nord me répétant chaque jour : « La Banque est une friponne. Elle vous trompera ! ». A quoi je répliquais : « Si vous le pensiez, pourquoi n'avoir pas, ce qui vous était facile, englobé dans le procès l'institution elle-même ? Pourquoi l'avoir laissée debout ? L'ayant laissé debout, il vous faut l'aménager à votre convenance, car vous ne pouvez plus la détruire », pour vaincre les dernières hésitations du général, je réclamai de la Banque un engagement formel. Elle m'écrivit :

BANQUE NATIONALE D'HAITI

Port-au-Prince, le 19 avril 1905.

Le désir du Siège social en vous demandant de faire signer la Convention est de hâter la solution des questions pendantes entre nous. Il pense qu'elles pourront toutes être résolues dans un sens équitable et favorable à nos mutuelles relations.

Je vous répète qu'il ne croit pas pouvoir dépasser le chiffre de 600,000 p. or pour le prêt statutaire, en y comprenant la conversion du premier prêt en gourdes à un taux raisonnable.

En ce qui touche le découvert de 125,000 p. or au compte Recettes et paiements, sans vouloir m'engager, nous l'étudierons ensemble dans un esprit de conciliation et d'entente, comme, du reste, je vous promets de le faire pour toutes les questions comprenant aussi bien les intérêts de la Banque que ceux de l'État.

Veuillez croire à mes sentiments bien cordiaux.

Ch. Van Wijck.

On sait à quoi aboutirent toutes ces belles promesses.

Je n'incrimine pas la bonne foi du directeur de la Banque Nationale d'Haïti. Je crois qu'il était sincère quand il prenait cet engagement avec moi. Je n'incrimine que le siège social qui, après l'y avoir autorisé, lui ordonna de se dégager. Que de fois n'ai-je pas entendu dire, à propos de ce désaveu : Ah ! si c'était Hartman, il aurait forcé le siège social à marcher !

Je n'ai pas à revenir en détail sur cette peu louable histoire. On en trouvera les pièces y relatives dans la brochure publiée en août 1905 par le Département des finances.

Cependant, à la lettre de la Commission de réorganisation administrative et financière, je répondis le 24 avril 1905 :

A la Commission mixte de réorganisation administrative et financière :

Messieurs,

Je vous accuse réception de votre lettre du 18 avril courant, au n° 68, me remettant : 1° un projet de loi modifiant le décret du 10 septembre 1880, qui constitue la Banque Nationale d'Haïti, et 2° un projet de convention à conclure entre le gouvernement et la Banque tendant à fixer les conditions du retrait intégral et immédiat du papier-monnaie.

Je note que vous avez remis au département depuis le 14 février 1905 le projet de convention tendant à régler les effets financiers des jugements des 25 et 27 décembre 1904, en ce qui concerne les responsabilités de la Banque Nationale d'Haïti du fait de ses agents. Vous ajoutez que le Conseil d'administration de la Banque a autorisé son directeur à accepter définitivement ce projet de convention qui reste encore soumis à l'appréciation du gouvernement.

J'ai l'honneur de vous annoncer que le Conseil des secrétaires d'Etat, dans sa séance du 19 avril, m'a autorisé à le signer avec la Banque : ce qui a été fait.

Le gouvernement examinera avec la plus vive attention et le plus puissant intérêt les deux nouveaux projets que vous lui avez soumis. Il espère bientôt recevoir le travail sur la comptabilité publique que vous êtes en train d'élaborer. Il vous remercie de la diligence que vous mettez à répondre à son attente : il faut, en effet, se hâter afin que ces importants projets soient étudiés et discutés avant d'être soumis au Corps législatif.

Le département n'hésite pas à proclamer à bon droit et avec vous que, dans le cours de ses travaux, la Commission s'est toujours inspirée de l'esprit du bien public et du plus pur dévouement à la patrie.

Je vous renouvelle, Messieurs, les assurances de ma considération distinguée.

F. MARCELIN.

Cette déclaration que la convention avait été signée fut le signal d'une tempête. On a vu que la Commission elle-même avait réclamé cette acceptation. Cela n'empêcha pas qu'on ne m'accusât d'avoir été acheté par la Banque tout comme on avait accusé naguère le ministre des Finances du premier ministère du général Nord d'avoir été gagné pour empêcher le procès de la Consolidation.

Dans une audience accordée par le Président de la République à la Commission de réorganisation, des mots très vifs, en plein Conseil des secrétaires d'État, furent échangés. J'en fus profondément peiné et surtout indigné. Et quelque temps après, le 12 mai, en déposant à la Chambre des députés, les **comptes généraux et le budget de la Répu-**

blique, je crus devoir faire cette déclaration pour répondre à ceux qui, exploitant cette divergence d'opinion entre la Commission et moi, en prenaient texte pour m'accuser odieusement :

Messieurs les Députés,

Au moment de prendre contact avec vous, et au seuil de la vie politique nouvelle qui s'ouvre devant moi, laissez-moi vous faire cette déclaration :

Quand le président de la République, il y a un mois, m'appela à gérer nos finances, j'ai pensé, naturellement, que cet honneur était plein de périls. Mais j'ai pensé aussi qu'il pourrait y avoir quelque satisfaction — celle de faire son devoir — à côté du péril. J'ai accepté la charge. Je resterai fidèle à cette pensée de *faire mon devoir*. Je lutterai pour la réaliser avec la dernière énergie. Vous le verrez bien, car je n'ai aucune peur. Je ne vois qu'une chose qui pourrait m'inspirer une crainte légitime : ce serait la perte de l'estime des honnêtes gens, des patriotes sincères, justifiée par une trahison, une félonie démontrée de ma part.

Non, il ne faudrait pas me connaître, et je ne

me reconnaîtrais pas moi-même, si je pouvais agir ainsi... Ce que j'affirme à cette heure, à cette place, c'est que je suis absolument décidé à forcer mes adversaires, quels qu'ils soient, — ils pourront continuer, bien entendu, à me vilipender — à convenir dans leur conscience que je veux servir loyalement, honnêtement, mon pays. Et si je succombe à la tâche, si, demain, je n'ai plus à occuper cette tribune, je veux du moins en profiter largement, dans l'intérêt de l'Etat et dans le mien, pendant tout le temps que je pourrai y monter, pour confondre les mensonges des uns et, si je puis, pour raffermir la foi des autres. Quand j'aurai passé, si jamais vous parlez de moi, je veux que ce soit — sinon avec sympathie : la sympathie ne se commande pas — du moins avec le respect que d'honnêtes hommes doivent à un honnête homme.

Si donc on vient murmurer à vos oreilles, à l'occasion de mes fonctions, les mots de trahison, de vilenies, de malpropretés, demandez la preuve, exigez-la. On vous la doit. Il est trop commode, en vérité, et trop lâche, et trop abject d'accuser sans preuve. Résistez aux ambitions et aux vanités blessées. Faites-moi comparaître à votre barre. Je vous dois mes comptes et je serai toujours prêt à vous en rendre.

Ni la tribune ni la presse ne m'effraient. Je sais qu'elles sont amies des consciences droites.

Pourquoi les craindrais-je ? Je suis décidé, ici, à confondre les désagrégateurs, ceux qui agitent l'opinion publique ou qui l'agiteront demain par de fausses nouvelles, ceux qui, passés maîtres dans l'art de cultiver la calomnie, l'ont érigée en un principe, qui leur est très cher, de gouvernement. Sur tous les terrains, ils me trouveront prêt à les braver, à leur donner ma vie, peut-être, mais jamais mon honneur, car ce n'est pas avec leur fausse vertu, sujette à tant de cautions, qu'ils pourraient le payer !

Donc, je compte sur vous, Messieurs les Députés. Jugez-moi sur mes actes. Comme le disait avant-hier un de vos orateurs : « L'heure est solennelle ! » Malheur à qui ne le comprendrait pas ! Malheur à qui oublierait qu'il y a à « cette heure » un péril très grave qui nous menace !... A un siècle d'intervalle, sur des champs de bataille différents, sans doute, il y a, peut-être, pour les véritables fils de ce sol, autant de gloire à conquérir que les pères en trouvèrent naguère dans les luttes de notre indépendance... Un illustre exemple de sacrifice à la patrie, de dévouement à la conservation et à la restauration de l'héritage vient d'être offert récemment au pays par le chef de l'Etat. Seul, en dépit de tout le monde, ayant contre lui tout le monde, avec une ténacité qui est du génie, il a fait le procès de la Consolidation. Il a voulu seul et il a vaincu pour tous. Ce ne sont pas seulement les résultats pécuniaires, la restitution des valeurs détournées qu'il a poursuivis. Il a poursuivi surtout la régénération morale du pays. Il a voulu, à l'instar des ancêtres, sauver notre nationalité de sa décomposition, de sa pourriture. En effet, le partage de la Consolidation, s'il fût resté impuni, eût rayé ce pays du nombre des nations, d'abord moralement, et peu après, matériellement.

Pour cet acte, pour cette pensée filiale envers Haïti, au même rang que les Pères de la Patrie, l'Histoire placera le général Nord.

Eh bien ! nous devons essayer de nous modeler sur cet exemple, de le prendre pour guide désormais dans notre vie, car, en somme, il est des Haïtiens qui aiment leur pays. Leur patriotisme clairvoyant voit avec évidence qu'il n'est possible de le sauver qu'avec la plus stricte probité dans les affaires publiques.

Je dis que je suis un de ceux-là, un de ceux qui voient. Je le dis avec l'autorité de mon âge et de mon ambition de laisser un nom honorable après moi. Je n'ai jamais haï personne. J'ai toujours dédaigné les outrages à toute époque. Je sens cependant, aujourd'hui, que je haïrais d'une haine farouche, d'une haine sauvage, celui qui attenterait injustement à ce que j'ai décidé de mettre résolument au service de la Patrie : mon honneur et ma dignité !

Le programme, Messieurs les Députés, que mon département s'efforcera d'appliquer est simple. Il tient en quelques lignes. Augmenter le crédit public par une perception rigoureuse des recettes et par une entière loyauté dans l'accomplissement de nos engagements, se préoccuper sans relâche des besoins du Commerce, essayer de le relever de ses ruines, de son atonie actuelle, grouper autour du gouvernement, par la sagesse et la fermeté bienveillante de ses actes, les forces du Capital et de l'Epargne dont l'intérêt évident est de marcher avec nous, prévenir les hausses exagérées du change en attendant le retrait du papier-monnaie, mûrir, entre temps, une combinaison qui déblaie notre avenir financier si incertain, gagner enfin la confiance publique par la continuité de nos efforts vers une amélioration absolument indispensable, tel est, Messieurs les Députés, l'esprit qui guidera le département tout le temps que je serai à sa tête.

Je me rappellerai, et je rappellerai sans cesse à mes subordonnés, que le désordre dans l'administration, l'absence d'une comptabilité sérieuse, le mépris du contrôle ont permis de perpétrer les maux dont nous avons souffert et dont nous souffrons encore. Si les règles établies par nos lois étaient insuffisantes, je vous demanderai de les renforcer, mais je ne penserai jamais que l'abrogation tacite de celles qui existent déjà soit une garantie pour la Société.

Il m'est pénible, toutefois, de finir cette déclaration par une réflexion que nous avons, hélas ! cruellement et trop souvent expérimentée dans le cours de notre histoire : c'est qu'il ne saurait y avoir de bonnes finances pour notre pays en dehors de la Paix. Notre malheureuse situation est, en grande partie, le fait de nos dissensions continuelles, de notre instabilité politique, de notre appréhension de voir à chaque instant le pays troublé. Il faut donc, pour une amélioration sérieuse et définitive, que cette cause disparaisse ou qu'elle s'atténue visiblement. Certes, il n'y a pas de sacrifices qu'un Gouvernement, digne de ce nom, ne doive faire au maintien intégral de la Paix. Et, sous ce rapport, la Nation peut avoir la certitude que, le cas échéant, les vertus connues de ténacité et de civisme intransigeant de l'héroïque soldat qu'elle a à sa tête sauront dompter toutes les résistances... Mais il n'est pas moins vrai que les réformes sont difficiles quand il faut compter avec les troubles, avec les dépenses forcément improductives qu'ils entraînent à leur suite.

Puisse donc la coalition de tous les citoyens

honnêtes en une digue contre la passion révolutionnaire se fortifier de plus en plus pour permettre au Gouvernement de consacrer entièrement ses ressources au développement de la fortune nationale ! Autrement, il faut le redire sans biais, il serait difficile d'améliorer notre état social par une réforme intelligente et progressive de notre budget. Heureusement qu'il est juste de compter avec le bon sens national qui, chaque jour, se développe et donne des gages nouveaux de maturité.

L'Histoire a déjà proclamé que l'élection du général Nord à la présidence de la République a mis fin à la guerre civile. Elle proclamera plus tard, j'en ai la certitude, que son administration a achevé la pacification des esprits grâce à ces deux éléments constitutifs des Gouvernements réellement forts : l'énergie qui impose et la modération qui rallie !

Je cédai là, je l'avoue, à un mouvement de colère qui fut irréfléchi et dont je ne fus pas maître. La nervosité m'emporta. Je voulus faire justice d'une calomnie qui me parut odieuse et n'avoir pas le sens commun... Mais déjà elle était oubliée. Elle n'avait peut-être pas franchi le cercle de ceux qui s'y complaisaient, et elle n'était si grosse, en définitive, que dans mon imagination. Le public fut donc dérouté. On se demanda le pourquoi de cette virulente sortie. Et à la Chambre, bien des députés, les plus intelligents, et qui auraient pu, en maintes circonstances, me rendre quelque justice, en prirent texte pour se poser en adversaires, puisque dès l'abord, avant toute attaque, je supposais, croyaient-ils, devoir compter sur leur hostilité... Ce fut de ma part une faute de tactique due à l'irritation éprouvée, à l'ineptie d'une calomnie injustifiable.

Le 25 avril 1905, j'adressai le rapport suivant au Président de la République :

Monsieur le Président,

Je n'ai pas cru devoir vous faire un rapport, en prenant les rênes du département, sur notre situation financière. Cette situation, vous la connaissez mieux que personne, et ce n'est pas pour la remettre simplement sous vos yeux que vous m'avez appelé. C'est plutôt, et surtout, pour essayer de l'améliorer. Au surplus, les Chambres législatives devant s'ouvrir prochainement, je pourrai m'étendre plus amplement sur ce sujet.

Cependant, il est urgent que je vous fasse un exposé succinct sur la marche de l'exercice en cours, que je vous dise combien il importe que le ministre des finances soit prudent, circonspect, ménager des ressources médiocres dont il dispose, s'il veut, en n'engageant pas l'avenir, assurer au prochain budget une marche régulière et stable.

C'est ce devoir que je remplis en ce moment, et je suis persuadé que l'appui de Votre Excellence ne me fera jamais défaut pour son accomplissement inéluctable à la marche du service public.

Voici les revenus dont nous pouvons disposer jusqu'à la fin de l'exercice en cours :

	Gourdes	Or amér.
Valeur en dépôt au commissariat du Gouvernement près la Banque..$	72.000	»
En dépôt à la Commission législative du contrôle de l'émission..........	966.477	»
Valeur probable à percevoir par la Banque pendant les six derniers		
A reporter..	1.038.477	»

	Gourdes	Or amér.
Report......	1.038.477	»
mois de l'exercice pour droits de Douane, $ 150,000 par mois pendant six mois..........	900.000	»
Biens domaniaux, environ	3.000	»
Papier timbré............	12.000	»
Timbres-poste et cartes postales	8.000	»
Enregistrement	10.000	»
Hypothèques	1.000	»
Produit des greffes.......	600	»
Retenue de premier douzième d'émargement, etc.	3.000	»
Forges et Chantiers de Bizoton	100	»
Abonnements au *Moniteur*	100	»
1/8ᵉ disponible de la surtaxe de 25 0/0 or.......	»	$ 28.125
20 0/0 sur cacao, campêche, chiffre probable appartenant à l'Etat jusqu'au 30 septembre....	»	16.000
Triage café, environ.....	»	25.000
Réseau télégraphique terrestre	10.000	1.000
Convention du 24 avril 1905	»	100.000
	$ 1.986.277	170.125

Il conviendrait de nous y attacher autant que possible de manière à ne point engager les recettes de l'exercice prochain. Les dépenses urgentes à effectuer d'avril à septembre se résument dans le tableau suivant :

Pension, appointements, location.

	Gourdes	Or amér.
Relations extérieures ....$	1.890 »	4.895 »
Finances et commerce	51.717 10	»
Intérieur	38.533 35	»
Guerre	37.442 80	»
Marine	4.178 »	»
Instruction publique	64.902 25	»
Justice	40.349 33	»
Travaux publics..	11.841 66	»
Agriculture	17.862 »	»
Cultes	2.910 »	4.385 60
Service des Postes	4.616 »	»
Par mois.....$	22.776.242 49	9.280 60
Pendant les six derniers mois de l'exercice .....$	1.657.454 96	55.683 60
Indemnités dues aux agents de l'étranger, février, mars.....	»	11.573 34
A reporter..	1.657.454 96	67.256 94

	Gourdes	Or amér.
Report......	1.657.454 96	67.256 94
Traitement du clergé, mars.......	»	1.317 45
Indemnités du Président d'Haïti, cinq mois......	»	10.000 »
Frais de police supplément^{re}. 667 67		
Frais de police supplément^{re}. 833 33		
5 mois à.... $1.501 »		7.505 »
Frais de représentation du Gouvernement..... 5.000 »		
Frais de police du gouvernem^t.. 5.833 33		
Fournitures de bureau 250 »		
Frais de police supplément^{re}. 2.166 67		
5 mois à... $13.250 »	66.250 »	
Solde et ration $ 78,719.07 pour les cinq mois...	393.595 35	»
A reporter..	2.117.300 31	86.079 39

	Gourdes	Or amér.
Report......	2.117.300 31	86.079 39
Publication et abonnements aux journaux **étrangers**, 5 mois à $ 250..........	»	1.250 »
Indemnités des Députés pour la session	115.200 »	»
Fournitures de bureau, matériel, chiffre approximatif	20.000 »	18.000 »
$	2.252.500 31	105.329 39
Montant des appointements, location, etc., des dix arrondissements financiers, non encore payés. Mois de mars 1905......	156.159 27	»
$	2.408.659 58	»

Il y a bien une petite différence en faveur des recettes probables en or et des dépenses à couvrir indiquées dans cet exposé. Mais il est nécessaire que le gouvernement ait quelques valeurs dont il peut disposer dans un cas urgent. Et, en attendant que je puisse, à l'exercice prochain, constituer une réserve permanente en faveur du Gouvernement, pour parer à toute éventualité, je dois m'évertuer à ce qu'il y ait même en ce moment quelque somme à sa disposition en cette fin d'exercice déjà si obérée.

Les dépenses en gourdes dépassent de $ 422,382.56 les sommes probables à recouvrer. Cependant, avec des mesures appropriées et une surveillance attentive de nos douanes, on peut arriver à atténuer cette différence d'une façon sensible.

Il restera toujours les dépenses pour travaux publics, les ordonnances pour commandes, fournitures, pour lesquelles rien n'est prévu dans cet état. Il n'est que trop malheureusement vrai qu'en dehors des quelques sommes à recouvrer des commerçants, d'après les comptes dressés par la Commission chargée de vérifier la comptabilité de la Douane, il n'y a rien à leur assigner sous peine de compromettre le service de la solde, de la ration, des dépenses de sécurité et des appointements.

C'est là qu'une sélection rigoureuse et absolument étroite s'impose. C'est là que la haute sagesse et l'autorité de Votre Excellence devront venir en aide au ministre des finances pour assurer la bonne marche du service.

Une halte dans les dépenses publiques, en

dehors de ce qui est nécessaire au service essentiel, s'impose donc impérieusement.

Avec le budget de l'exercice 1905-1906, les services publics seront faits dans toute la régularité voulue à la condition que, dès maintenant, les mesures que je place sous les yeux de Votre Excellence aient leur plein et entier effet.

Daignez agréer, Monsieur le Président, l'hommage de mon profond respect et de mon entier dévouement.

F. MARCELIN.

Dans la nécessité indispensable où l'on se trouvait, pour pouvoir durer, de mettre de l'ordre dans l'administration financière, j'écrivis au Président de la République :

Port-au-Prince, le 3 mai 1905.

Monsieur le Président,

En prenant la direction du département des finances, j'ai constaté que le douzième même de janvier n'était pas publié, malgré les prescriptions formelles de la loi. J'en ai ordonné la publication, ainsi que les douzièmes subséquents jusqu'au mois de mai inclusivement, qui sont signés et paraîtront au *Moniteur*.

De cet état de choses il est résulté que notre administration a adopté comme règle pour les paiements le reçu à régulariser, soit qu'il repose sur des valeurs inscrites au budget, soit qu'il s'agisse simplement de valeurs à couvrir par des demandes de crédits supplémentaires à présenter aux Chambres législatives.

Cette façon de procéder est tout à fait contraire à la bonne application de nos lois de finances et à la stricte exécution de nos règlements d'administration publique.

Aujourd'hui que le douzième de mai est prêt et que celui de juin va être présenté à Votre Excellence, les différents départements ministériels doivent remettre des pièces comptables au paiement. Les sorties de fonds sur reçu ne peuvent être tolérées que dans les circonstances exceptionnelles, pour des dépenses absolument urgentes de sécurité publique, qu'il faut exécuter sur l'heure. Hors ces cas absolument circonscrits, elles doivent cesser car elles ne représentent que le désordre administratif.

Les départements ministériels, y compris celui des finances, ont fait des dépenses extra-budgétaires pour lesquelles ils vont demander des crédits supplémentaires aux Chambres. D'autres crédits seront en même temps demandés pour les dépenses à faire jusqu'à la clôture de l'exercice budgétaire. Cependant l'exercice n'est qu'à cinq mois de sa fin au 30 septembre.

J'attendrai donc, pour m'occuper de ces paiements, que les crédits soient votés, car il n'y a aucun péril en la demeure. Quand ces dépenses ont été engagées, chacun savait qu'il n'y avait pas de fonds actuellement au budget pour les couvrir.

Sauf donc pour les dépenses relevant strictement de la sécurité, et sous la haute approbation de Votre Excellence, qui veut l'ordre et la régularité partout, je m'abstiendrai de payer sur reçus et exigerai désormais des pièces comptables.

Daigne, Votre Excellence, accepter l'hommage de mon entier dévouement et de mon souci de justifier sa confiance.

F. MARCELIN.

Cependant, dans la séance du 12 mai, j'avais déposé les projets de loi suivants sur le bureau de la Chambre des députés :

NORD ALEXIS

Président de la République,

Usant de l'initiative que lui accorde l'article 69 de la Constitution,

Considérant que, pour ramener le change à

un taux raisonnable, faciliter les transactions et rendre prospère le commerce d'importation, il importe d'augmenter les revenus employés jusqu'ici au retrait du papier-monnaie (1) ;

Sur le rapport du Secrétaire d'Etat des finances et du commerce ;

Et de l'avis du Conseil des Secrétaires d'Etat,

A proposé

Et le Corps législatif a voté la loi suivante :

Art. 1er. — A partir de la promulgation de la présente loi, la moitié de la surtaxe de 25 0/0 à l'importation sera, aussi bien que les taxes créées par la loi du 13 août 1903, affectée au retrait du papier-monnaie.

Art. 2. — Le produit de cette moitié de surtaxe sera encaissé par la Banque Nationale en billets de caisse de tous types ou catégories à raison de cinq pour un, soit 400 0/0 et ne pourra en aucun cas être détourné de son affectation par le Secrétaire d'Etat des finances et employé à aucune autre destination, sous peine d'encourir les pénalités édictées par l'article 80 de la loi du 13 août 1903.

Art. 3. — Tous les quinze jours, les billets reçus provenant de la moitié de la surtaxe de 25 0/0 et des impôts garantissant actuellement

---

(1) Jusqu'au 20 février 1905 il n'avait été retiré que 1,170,356 gourdes de la circulation.

le retrait, seront livrés aux flammes par les soins de la Banque en présence des fonctionnaires désignés par la loi et sous le contrôle de la Commission parlementaire du retrait.

Art. 4. — Si le change tombe au-dessous de 400 0/0, les 12 1/2 0/0 seront alors perçus en or américain, et, dans ce cas, ils constitueront un dépôt en garantie du papier-monnaie en circulation.

Chaque mois, le Conseil des Secrétaires d'Etat, sur la demande de ladite Commission, en ordonnera la conversion quand il s'agira d'un taux au-dessous de cinq pour un.

Art. 5. — Le Secrétaire d'Etat des finances formera un syndicat de garantie pour empêcher toute panique du change. Le capital de ce syndicat sera de 500,000 dollars. Il ne sera appelé au versement de cette somme, en totalité ou en partie, que sur la demande de la Commission parlementaire du retrait et après autorisation du Conseil des Secrétaires d'Etat.

Art. 6. — L'ensemble des fonds du retrait demeurera le gage du syndicat quand son capital ou une partie de son capital sera appelé.

Pourra assister à toutes opérations du retrait un délégué désigné par le syndicat.

Art. 7. — Un arrêté du Président d'Haïti déterminera les conditions de formation de ce syndicat.

Art. 8. — La présente loi abroge toutes lois ou dispositions de loi qui lui sont contraires. Elle sera exécutée à la diligence du Secrétaire d'Etat des finances et du commerce.

Donné au Palais National, à Port-au-Prince, le 12 mai 1905, an 102ᵉ de l'Indépendance.

NORD ALEXIS.

Par le Président :
Le Secrétaire d'Etat des finances et du commerce,

F. MARCELIN.

NORD ALEXIS,

Président de la République,

Vu l'article 69 de la Constitution.

Considérant qu'il est reconnu la nécessité, en vue d'une application plus facile, d'apporter quelques modifications à la loi du 13 août 1903 sur le retrait du papier-monnaie ;

Sur le rapport du Secrétaire d'Etat des Finances et du Commerce,

Et de l'avis du Conseil des Secrétaires d'Etat,

A PROPOSÉ

Et le Corps Législatif a voté la loi suivante :

Article 1ᵉʳ. — Les articles 83 et 84 de la loi du 13 août 1903 sont modifiés comme suit :

« Art. 83. — Le montant des droits de licence, de timbre ou de visa pour timbre et de toutes autres valeurs à percevoir en monnaie nationale pourra, dès maintenant, être payé en billets de tous types ou catégories. Ces billets, aussitôt reçus à la Banque Nationale, seront perforés et annulés au moyen d'un timbre spécial. Ils seront ensuite déposés dans les coffres de la Banque d'où ils ne sortiront que pour être contrôlés et livrés aux flammes.

« Art. 84. — Les droits perçus seront convertis en monnaie nationale au taux du jour de la conversion, et le produit de cette conversion, qui sera également payé en billets de tous types ou catégories, sera ajouté aux recettes de même nature mentionnées à l'article précédent et aura la même destination, après avoir été perforés et annulés. »

Art. 2. — La présente loi sera exécutée à la diligence du Secrétaire d'Etat des Finances et du Commerce.

Donné au Palais National, à Port-au-Prince, le 12 mai 1905, an 102e de l'Indépendance.

NORD ALEXIS.

Par le Président :

Le Secrétaire des Finances et du Commerce,

F. MARCELIN.

EXPOSÉ DES MOTIFS
(Dette intérieure)

Messieurs les Députés,

Le chiffre de la Dette intérieure se décompose comme suit, ainsi que vous le savez :

Consolidés 12 0/0............P.	4.242.254 11
Consolidés 6 0/0...............	1.379.530 46
Titres bleus..................	2.297.135 33
Titres roses..................	3.200.009 87
Emprunts unifiés..............	2.087.984 88
P.-or	13.206.924 65

Les intérêts de cette Dette, aux taux actuels, sont lourds pour nos finances et leur réduction ne peut causer, en réalité, aucun préjudice. Il suffit, pour s'en rendre compte, d'établir la différence très sensible qui existe entre ces taux et le capital nominal de ces obligations et on constatera aisément que les intérêts sont payés sur le montant intégral des obligations qui sont cotées, les unes 3 et les autres 4/10 de leur valeur nominale. Se vend par exemple $ 31 un titre rose de 100 productif d'un intérêt annuel de 5 0/0 ; c'est donc $ 31 qui rapportent 5 0/0.

Il faut arriver à une mesure équitable qui

soulage le service public. Nos créanciers ont tout avantage de nous aider à rétablir notre situation financière sur des bases solides et à équilibrer notre budget. Une dette dont le capital, comme celui de notre Dette intérieure, se rembourse tous les six ans au moins, peut sans danger et en toute équité subir une réduction d'intérêts.

Dans la loi qui vous est soumise, l'Etat n'a pas touché au capital. C'est un droit qu'il ne croit pas avoir. Il a simplement ramené les intérêts à un taux raisonnable et qui lui permette de vivre. Il ne se peut pas que nos créanciers ne se résignent à un sacrifice nécessaire, indispensable à la bonne marche de nos finances.

Du reste, cette mesure doit entraîner dans un avenir prochain le remboursement ou l'unification de notre Dette intérieure à l'étranger. Il ne nous est pas défendu d'espérer que nous aurons avant longtemps un type unique de rente, et cela pour le plus grand bien de notre crédit.

Vous verrez, par un des articles de la loi, que les obligations ne seront pas échangées. Elles seront frappées d'un timbre portant un numéro d'ordre et indiquant le taux de l'intérêt réduit. Il n'y a donc ni débours ni frais pour le Trésor.

La nouvelle loi affecte 1 p. 10 pour la garantie

de la Dette aux intérêts réduits. Cela nous donne le tableau suivant :

Consolidés 12 0/0 réduits à 6 0/0 intérêt et amortissement ....P.	296.957 79
Consolidés 6 0/0 réduits à 3 0/0 intérêt et amortissement..........	55.181 21
Titres bleus 5 0/0 réduits à 2 1/2 0/0 intérêt et amortissement.......	80.181 21
Titres roses 5 0/0 réduits à 2 1/2 0/0 intérêt et amortissement.	112.000 35
Emprunts unifiés 12 0/0 réduits à 6 0/0 intérêt et amortissement..	146.159 64
P.	690.698 72

En évaluant seulement notre production de cafés à £ 63,000,000, nous avons, pour la piastre, 10 cent. (P. 1.10), les valeurs nécessaires pour faire face à ce service.

L'ancienne affectation de p. 1.33 or donnait 826,000 dollars. Une balance de 135,301 dollars 28 sera donc disponible. Et, de plus, l'Etat aura à son service :

0.23 1/3 sur café.............P.	135.301 28
Moitié de la surtaxe de 25 0/0 à l'importation	320.000.000
0.80 sur campêche et cacao....	270.000.000
Environ, p. or..................	725.301 28

C'est grâce à cette réduction d'intérêt, qui nous permet d'avoir cette disponibilité, que l'Etat, cette année, a pu équilibrer le budget que je viens déposer devant vous. Autrement, il n'eût pas été possible de le faire. En effet, l'année dernière, vous avez dû porter à nos voies et moyens 4,000,000 de papier, plus la frappe de 600,000 de nickel. L'Etat n'a plus aujourd'hui les mêmes ressources. Confiant dans votre patriotisme, confiant dans votre énergique résolution de faire marcher le service public, je ne doute pas un instant que vous ne donniez votre vote à cette loi dont l'impérieuse nécessité et la stricte équité n'ont pas besoin d'être plus longuement démontrées.

NORD ALEXIS
Président de la République,

Vu l'article 69 de la Constitution,

Considérant qu'il importe, en attendant son unification, d'apporter quelques modifications équitables à la Dette intérieure, en ce qui concerne ses intérêts onéreux au Trésor et au service courant :

Sur le rapport du secrétaire d'Etat des finances et du commerce,

Et de l'avis du Conseil des secrétaires d'Etat,
A Proposé

Et le Corps législatif a voté la loi suivante :

Art. 1er. — A partir de la promulgation de la

présente loi, les intérêts prévus sur les obligations de la Dette intérieure seront réduits de moitié.

Art. 2. — Il sera désormais affecté au service des intérêts et amortissements de cette Dette le produit de p. 1.10 pour chaque cent livres de cafés exportés.

Art. 3. — Chaque année, un amortissement de 1 0/0 sera, par les soins de la Banque Nationale, versé sur le capital actuel des obligations bleues et roses des Consolidés 6 0/0 et 3 0/0 des emprunts unifiés.

Art. 4. — Les obligations précitées ne seront pas échangées, elles seront chacune frappées d'un timbre portant un numéro d'ordre et indiquant le montant de l'intérêt réduit.

Art. 5. — La présente loi abroge toutes lois et dispositions de loi qui lui sont contraires. Elle sera exécutée à la diligence du secrétaire d'Etat des finances et du commerce.

Donné au Palais national à Port-au-Prince, le 12 mai 1905, an 102e de l'Indépendance.

NORD ALEXIS.

Par le Président :
Le secrétaire d'Etat des finances et du commerce,

F. MARCELIN.

IV

Les projets de loi qu'on vient de lire furent votés par la Chambre presque sans débats et avec deux modifications proposées par le comité des Finances : l'une consista à ramener le taux de 400 à 300, l'autre à supprimer le syndicat de garantie. Je regrettai vivement cette suppression. Dans l'état d'isolement financier absolu où se trouvait l'État, c'était, dans ma pensée, un jalon pour l'avenir, un embryon qui pouvait se développer plus tard. Mais le Président de la République y était absolument opposé et c'était avec regret, devant mon insistance, qu'il avait laissé passer cette disposition. Il ne manqua pas de recommander à la majorité de la rejeter, quand, selon l'usage, ses principaux membres vinrent le consulter sur le vote à émettre.

Ces lois adoptées par la Chambre furent adressées au Sénat où nous les retrouverons tout à l'heure.

En prenant les rênes du Département des Finances, j'avais trouvé, sommeillant depuis longtemps, une très scandaleuse affaire de fraudes commises à la douane de Port-au Prince. L'opinion publique s'en était préoccupée. Sur la fraude s'était greffée des faux. On pensait généralement que si le gouvernement avait fait le procès de la Consolidation il ne pouvait pas hésiter à faire celui du scandale de la douane de Port-au-Prince. Un rapport, émanant d'une commission de vérification douanière, établissait clairement cette nécessité. De plus, il mettait en cause la Chambre des comptes pour défaut de contrôle. On m'avait affirmé que le Président de la République partageait aussi, à une époque, cette façon de voir qu'il fallait poursuivre. Bien que les fraudes fussent commises et dévoilées à une époque très antérieure à mon administration, je m'appliquai à vouloir faire rentrer les valeurs détournées à la caisse publique, et à menacer, en les dénonçant nommément au *Journal officiel*, de poursuites judiciaires les négociants délinquants. Quelques-uns restituèrent, d'autres — des étrangers — refusèrent catégoriquement. Osez, me disaient-ils. J'étais décidé à oser. Je m'adressai donc au Président de la République. Je lui déclarai qu'il fallait que la justice prêtât son aide à mon Département. La lettre suivante me fut envoyée en réponse :

Port-au-Prince, le 27 *mai* 1905.

Au Président de la République.

Président,

J'ai l'honneur de porter à votre connaissance que, le 17 mai courant, j'ai reçu de la Chambre des comptes une lettre par laquelle, après m'avoir exposé que certains paragraphes du rapport de la Commission de contrôle et de vérification de la comptabilité de la douane l'atteignent directement et lui font le devoir de provoquer une enquête judiciaire afin d'établir les responsabilités sur les fraudes perpétrées à la douane et à l'administration des finances de Port-au-Prince, elle me demande instamment d'ouvrir cette information judiciaire. Je dois dire à Votre Excellence que déjà, sur une plainte du directeur de la Banque en date du 10 avril dernier, révélant des faits d'altération et de fabrication de récépissés et de contrefaçon de signatures de deux de ses chefs de service, le juge d'instruction A. Champagne a été requis d'informer.

Mon département nourrissait l'espoir que l'information se restreindrait aux faits révélés par la Banque sans chercher à savoir si, par le moyen de ces faits, des droits d'exportation ont été frauduleusement soustraits à la caisse publique. La plainte étant produite par la Banque, l'instruction pouvait-elle rechercher un préjudice causé à l'Etat haïtien, qui n'a point donné à cette Banque le mandat d'agir en son nom devant la justice criminelle ? Mon département pouvait penser avec quelque raison que ces considérations étaient de nature à prévenir des investigations complètes sur l'affaire, et à faire réserver la question du dommage causé à l'Etat, dégageant ainsi la faculté pour l'Etat de recourir à la voie qu'il lui plairait d'adopter en vue d'obtenir la restitution des droits de douane encore impayés.

J'avoue que la lettre de la Chambre des comptes a été de nature à ébranler la fermeté de ma conviction. Mais toutes mes espérances de restreindre l'information ont été déroutées par le jugement que vient de rendre le Tribunal civil de Port-au-Prince le 24 mai courant dans l'affaire Behrmann. En effet, statuant sur une demande de paiement de droits d'exportation et de wharfage produite par l'Etat, le Tribunal civil de Port-au-Prince a tout d'abord examiné sa compétence. S'arrêtant à cette considération que la Commission de contrôle et de vérification de la comptabilité de la douane a, parmi les faux et les fraudes relevés à la charge des agents administratifs et douaniers de cette ville, de complicité avec certains commerçants, dénoncé le cas de Constant Behrmann, qui avait pu, à l'aide d'usage de faux récépissés, embarquer ses cafés sans payer les droits d'exportation prévus par la loi, le Tribunal civil a décidé que la justice répressive est seule compétente pour statuer sur les restitutions des droits ainsi fraudés et a décliné d'office sa compétence en raison de la matière.

Ce jugement ferme à l'Etat la voie des poursuites civiles en restitution des droits de douane impayés.

Les hautes fonctions dont Votre Excellence a bien voulu m'investir m'imposent le devoir de transmettre au juge d'instruction la lettre de la Chambre des comptes et l'expédition du jugement d'incompétence rendu par le Tribunal civil de Port-au-Prince. Cependant, l'immensité du scandale de ce nouveau procès, la complexité des griefs relevés, la multiplicité des personnages impliqués dans cette affaire, enfin le retentissement de ces nouveaux débats succédant de si près au procès de la Consolidation, sont de nature à justifier mes hésitations et mes scrupules et à provoquer un échange de vues entre mon département et Votre Excellence.

Je viens donc vous prier d'accorder votre plus sérieuse attention à la présente communication afin de me faire connaître votre sentiment personnel sur la question. Votre vieille expérience et votre haute sagesse trouveront peut-être le moyen de concilier les impérieuses exigences de mes fonctions avec le souci légitime de ménager la pudeur nationale qui serait vraiment compromise par le scandale de ces débats se répétant à de si courts intervalles et qui finirait par devenir la triste révélation de l'état d'âme de notre pays.

Je communique à Votre Excellence, avec prière de renvoi, la lettre de la Chambre des comptes et l'expédition du jugement d'incompétence du Tribunal civil de Port-au-Prince.

Daignez agréer, Président, l'hommage de mon profond respect.

E. DESLANDES.

L'affaire des fraudes commises à la douane de Port-au-Prince en resta là, la Chambre des comptes, aussi bien que le Département des Finances, n'ayant pas obtenu qu'une information fût ouverte...

Puisque nous sommes au chapitre de la Chambre des comptes, disons un mot de la scène pénible qui se passa au Palais National vers les dix heures du matin, le 6 juin, je crois... A ce moment, j'arrivais dans le cabinet du Président et j'apprenais qu'il avait mandé, pour une communication, la Chambre des Comptes. Un instant après, pendant qu'il était sur le grand balcon, un aide de camp vint lui annoncer que M. Ch. Cameau, Président du Grand Corps, venait d'arriver.

— Faites entrer, dit-il.

Le Président paraissait violemment agité. Il tremblait de colère. Ses lunettes d'or lançaient des éclairs. D'un pas rapide, il se leva, alla à l'extrémité de la galerie, puis revint au balcon où Charles Cameau venait de paraître, tout seul, car sans doute on s'était donné rendez-vous au Palais et ses collègues n'étaient pas encore arrivés.

Quelle scène, grand Dieu !... Et comme elle fait voir que notre malheureux petit pays, entre ses chefs militaires et sa Constitution libérale, ne peut trouver de stabilité !

Le général Nord bondit sur Charles Cameau en s'écriant :

— Vous êtes un misérable, un brigand, un conspirateur que je vais faire fusiller de suite dans la cour du Palais !

Stupéfait, dérouté, car j'ignorais le motif de cette algarade et je ne pouvais voir dans l'insulté que le Président d'un des plus grands corps de l'Etat, je n'eus que le temps d'entourer de mes bras le général Nord Alexis.

— Que faites-vous, Président ? m'écriai-je.

— Laissez-moi, laissez-moi. Cet homme venait me voir chaque matin et causer avec moi. Il se disait un ami. Il me communiquait tout et il m'a trahi. Il a traîné mon Gouvernement dans la boue !

Et, criant ainsi, il faisait des gestes, des efforts pour marcher sur Charles Cameau.

D'autres personnes vinrent, parlèrent au général, tandis que je le tenais respectueusement. Tout en continuant à crier, tout en invectivant Cameau, il reprit enfin le chemin de la salle à manger.

— Mais qu'y a-t-il, Président, lui demandai-je à nouveau, et quand il fut plus calme ?

— Apportez le rapport de la Chambre des Comptes au Ministre, commanda le général Nord.

On m'apporta le rapport manuscrit que ce matin on avait fait prendre des bureaux de la Chambre où il avait été déposé de la veille. Quelqu'un, pris d'un beau zèle pour la gloire du Gouvernement, avait marqué au crayon quelques passages et les avait signalés au chef de l'Etat. Je les parcourus rapidement. Et, ma foi, sauf quelques épithètes de style que nos tribuns et nos journalistes se permettent usuellement, soit à la Chambre, soit dans la presse, quand ils défendent les libertés publiques ou les finances de l'Etat, épithètes un peu exagérées, je ne vis là rien de particulièrement répréhensible. Ce rapport, en somme, sur l'exercice 1903-1904, ne pouvait être autre que ce qu'il était, puisque la Chambre des Comptes n'avait pas trouvé de pièces comptables pour l'établir. Mais ce n'eût été que jeter de l'huile sur le feu que le faire entendre au Président en un pareil moment.

— Je crois, Excellence, lui dis-je, que la Chambre des Comptes n'a jamais eu l'intention de vous déplaire. Elle est composée de patriotes et d'amis de la paix. Si vous m'y autorisez, je verrai ces messieurs qui viennent d'arriver tous au Palais et je me porte garant que les passages incriminés seront supprimés.

J'allai donc retrouver le Président de la

Chambre des Comptes et ses collègues qui, maintenant, étaient dans la salle du Conseil. Je les priai de passer avec moi dans le petit salon qui précède les appartements privés de Mme Nord. Là, on pouvait conférer loin de la foule des militaires et des fonctionnaires qui, attirés par l'incident, emplissaient toutes les pièces.

Le résultat de cette petite conférence fut qu'on se réunirait le lendemain matin à sept heures, chez moi, à Turgeau, pour relire ensemble les passages suspects. Ces messieurs vinrent, nous fûmes d'accord, et dès l'après-midi le manuscrit était rentré à la Chambre des Députés. Pour le Sénat, son Bureau fit quelques difficultés pour remettre le sien. Mais enfin il le remit, et le Président de la Chambre des Comptes put m'écrire :

Turgeau, 7 juin 1905.

« Mon cher Secrétaire d'Etat,

« Je viens porter à votre connaissance que le rapport, repris ce midi, du Président du

Sénat, lui a été retourné vers les quatre heures de l'après-midi, avec les modifications convenues entre la Chambre des Comptes et vous.

« Veuillez agréer mes salutations empressées. »

Ch. Cameau.

Je pensais donc l'affaire réglée à la satisfaction des parties quand j'appris que Charles Cameau qui, une première fois, s'étant réfugié à la Légation américaine, en était sorti, y était rentré une seconde fois. Je dis au Président que si des individus s'autorisaient de son nom ou des paroles qui lui échappaient pour alarmer un concitoyen, quand j'avais donné l'assurance que le *malentendu* était dissipé, quand surtout on avait le plus grand intérêt à ce qu'il n'en restât rien, c'était très fâcheux pour son Gouvernement. Il m'autorisa de nouveau à aller chercher Cameau à la Légation américaine. Mais cette fois celui-ci refusa net de sortir. Il déclara qu'il préférait, malgré ce qu'il dut lui en coûter, prendre le chemin de l'exil, car des ennemis puissants près du général Nord s'acharnaient à sa perte.

Ce jour-là, je lui demandai :

— Si le Président vous avait frappé, qu'auriez-vous fait ?

Cameau me répondit :

— J'étais armé. Je l'eusse tué sur-le-champ.

Quelques jours après, et tandis que le Président de la Chambre des Comptes était sous le drapeau américain, je reçus chez moi un pli qu'un inconnu remit au planton de service. Le pli renfermait copie de cette lettre et la note suivante :

Au Secrétaire d'Etat des finances, etc.
N° 244.

Monsieur le Secrétaire d'Etat,

Le Président de la Chambre des comptes m'a informé ce matin, en un entretien verbal, que, malgré de fréquentes et pressantes sollicitations depuis le commencement du mois dernier, votre département ne s'est pas décidé jusqu'ici à fournir à la Chambre des Comptes les ordonnances des recettes et des dépenses effectuées pendant l'exercice écoulé (1903-1904), documents qui font grand besoin à ce corps pour l'examen et la reddition annuels des comptes généraux auxquels il est astreint, en vertu de sa loi d'institution.

J'ai, avec regret, appris, Monsieur le Secrétaire d'Etat, que la Chambre des comptes a eu déjà à attirer votre attention sur ce fait que, non compris les dépenses acquittées par la Banque au moyen des recettes ordinaires, il faut porter au compte de l'exercice 1903-1904 une dépense totale de 5 millions de gourdes des deux émissions, effectuée sans que vous ayez eu soin de lui faire tenir encore aucune pièce comptable justifiant l'emploi de ces fonds.

A ce propos, je vous fais remarquer que cette négligence, cette insouciance condamnable du chef de division à votre département engage non seulement votre responsabilité, mais aussi celle de la Chambre des comptes, tenue de faire un rapport par l'impression au *Moniteur officiel* et par l'impression en brochure.

Ce n'est pas la première fois, Monsieur le Secrétaire d'Etat, que j'ai eu à déplorer le sans-façon avec lequel vos comptables et vos chefs de division se préoccupent peu des responsabilités qui vous incombent et de l'obligation qui leur est faite de vous éclairer sur l'expédition, à temps voulu, de tous les services.

En conséquence, je vous invite à faire tout votre possible pour acheminer, sans retard, à la Chambre des comptes, tous les documents qui lui sont nécessaires et qu'elle réclame de vous pour vérifier la régularité des comptes généraux et de la trésorerie publique.

Je vous invite aussi à me faire savoir les raisons du retard inexcusable apporté à l'exécution de dispositions légales si importantes, afin que je prenne des mesures pour arriver enfin à assurer l'ordre dans l'administration publique et à faire entrer dans les esprits mon idée fixe de voir strictement appliqués toutes les lois et règlements qui régissent les finances du pays.

En attendant, je vous renouvelle, Monsieur le Secrétaire d'Etat, l'assurance de ma haute considération.

Nord Alexis.

NOTE

Le rapport de la Chambre des comptes, qui a provoqué sur ses membres la colère du chef de l'Etat, a été en quelque sorte inspiré par le chef lui-même, vu les idées qu'il a constamment émises et les actes qu'il a accomplis, et vu aussi les bonnes assurances qu'il avait données à ces Messieurs, quand il leur disait entre autres qu'ils pouvaient compter sur tout son concours dans l'accomplissement de leur tâche.

Une preuve éclatante à ce sujet, c'est la lettre du Président d'Haïti au secrétaire d'Etat des finances, dont copie accompagne cette note.

Le chef de l'Etat a donc trompé la bonne foi des membres de la Chambre des comptes, à moins qu'il ne soit inconscient, quand il vient leur dire aujourd'hui : « Votre rapport est un manifeste révolutionnaire. Vous êtes neuf conspirateurs à la Chambre des comptes : je vous fusillerai tous les neuf *dans les rues !...* »

Un pareil état de choses est certainement appelé, dans un avenir plus prochain qu'on ne le croit, si on ne réagit pas, à compromettre l'autonomie du pays.

L'attitude du Président de la Chambre des comptes s'explique tant pour la dignité du corps que pour la sienne propre.

La lettre du Président de la République avait été adressée à mon prédécesseur aux Finances. Mais on comprend que le Département n'ait jamais pu fournir de pièces comptables des 5,000,000 dépensés, puisqu'il n'existait pas de pièces. On aurait beau chercher durant toute l'éternité que ce serait toujours la même chose : cet exercice 1903-1904 était muet. Mais les malheureux comptables et les chefs de division n'en étaient pas responsables. Cependant, ils pâtirent encore une fois des mauvaises dispositions qu'on leur témoignait. Un exemplaire de la lettre présidentielle avait été envoyé, de même qu'à moi, tant à la Chambre des Députés qu'au Sénat. Un de ces exemplaires fut mis sous les yeux du général Nord. Il vit dans ce fait une trahison qui sortait du Département des Finances, d'où, pensait-il, on avait fourni copie de sa lettre aux ennemis du Gouvernement. Le haut personnel du Département fut appelé au Palais et interrogé minutieusement.

— Cependant, faisais-je observer au Président, vous avez bien écrit cette lettre. Un chef d'Etat ou un homme politique doit s'attendre à ce qu'on publie tout ce qu'il écrit. Du reste, cette lettre en elle-même, et personnellement, ne peut que vous faire honneur. Ce qui cesse de se comprendre, c'est quand vous rendez la Chambre des Comptes responsable de pièces qu'on n'a pas pu lui fournir...

A tous les points de vue cette affaire-là fut déplorable... Elle fit le plus grand tort au général Nord en démontrant que non seulement il n'était pas maître de sa colère, mais qu'encore cette colère pouvait l'entraîner à des conséquences injustes et fâcheuses pour son propre Gouvernement. Cependant, là encore, c'est notre système politique qui est cause de tout le mal. Chambre des Comptes, Sénat, Chambre des Députés, qu'est tout cet attirail devant un militaire de profession ? Tout le temps que la route est droite, unie, que rien ne contrarie sa volonté, cela marchera. Mais gare au moindre obstacle ou à ce qu'il croit être un obstacle !

Quelque temps après — et c'est un trait u caractère du général Nord Alexis — je l'ai entendu répondre à quelqu'un qui lui faisait remarquer que, quoique exilé, Cameau percevait ses émoluments : « Je ne l'ai pas condamné à mourir de faim. »

V

Cependant les travaux législatifs poursuivaient leur cours. Le 7 juin, après m'être présenté à la Chambre, je m'étais rendu au Sénat pour le dépôt de quelques projets de loi. *Le Moniteur* relate ainsi cette séance :

« M. F. Marcelin. — Messieurs les Sénateurs, les effets formant la Dette flottante ne peuvent être acquittés au moyen des ressources ordinaires du Budget sans compromettre le service courant. Il s'agit des créances non payées du 1er octobre 1899 au 30 septembre 1904. Ceux desdits effets comprenant la période du 1er octobre 1899 au 31 décembre 1902 sont actuellement sans valeur, et il suffit de les classer et d'en déterminer un mode de liquidation pour qu'ils soient désormais recherchés, leur sort étant définitivement établi. Les autres effets émis du 1ᵉʳ janvier 1903 au 30 septembre 1904 formeront une catégorie spéciale et il leur sera assigné un règlement unique.

« Il est juste et équitable de nous occuper de cette partie de la Dette publique.

« Il ne se peut pas que des pensionnaires qui ont consacré leur temps au service de la Patrie, des fonctionnaires qui se dévouent au service du Gouvernement, des fournisseurs de bonne foi continuent à garder en leur possession, sans espoir d'être payés, des effets régulièrement émis en leur faveur.

« Il est indispensable aussi que la marche du Budget de l'exercice 1905-1906 puisse être effectuée sans aucune difficulté et qu'elle ne soit arrêtée nullement par le paiement des effets des exercices arriérés dont le montant n'y est pas d'ailleurs prévu.

« Je veux bien espérer que vous ne manquerez pas d'apprécier ces considérations et que vous donnerez votre meilleure attention au projets de loi suivants :

« 1.º Loi qui affecte aux dépenses du service public toutes les valeurs généralement quelconques recouvrées et à recouvrer des condamnés et toutes celles accumulées à la Banque Nationale d'Haïti en vertu des saisies régulièrement effectuées ;

« 2° Loi qui modifie l'article 10 de la loi du 17 octobre 1881, sur le timbre.

« 3° Loi qui autorise la formation d'une Commission à établir au Département des finances pour l'examen de tous les effets émis jusqu'au 30 septembre 1904 non acquittés et établissant un droit de créance sur l'État ».

Depuis quelques jours les lois de finances votées par la Chambre des députés étaient devant le Sénat ; celle relative à la diminution des intérêts de la Dette intérieure ne passa pas sans de longs et copieux débats. Je n'en donnerai qu'un rapide aperçu pour résumer, lors de la discussion, les principales raisons qui décidèrent du vote. On sait que ce fut au Sénat que la résistance se concentra et que les porteurs de titres tentèrent un suprême effort. L'auditoire était nombreux, attentif, passionné. On affirmait que le résultat était douteux, car on avait fait jouer bien des ressorts... Dans cette séance du 23 juin 1905, le *Moniteur* relate ainsi mon argumentation :

M. Marcelin. — Messieurs les sénateurs, la protestation des porteurs des titres de la Dette intérieure dont l'honorable sénateur Bourjolly vient, dans le long mémoire qu'il vous a lu, de se faire le défenseur convaincu, repose sur un sentiment profondément humain. Mais, au-dessus de ce sentiment qui est celui de l'intérêt privé, se trouve l'intérêt général.

La justice sociale doit être placée, dans ce débat, au-dessus de la justice individuelle.

Quand les porteurs des titres de la Dette intérieure reçoivent annuellement un million quatre cent mille dollars (P. 1,400,000), c'est-à-dire à 400 0/0 seulement, une somme de 7 millions de gourdes, presque la totalité des voies et moyens de la République entière, je vous demande si c'est là de la justice sociale !

Non, Messieurs, car, à côté de ces individus qui sont heureux par les intérêts qu'ils perçoivent, il y a la majorité qui pleure, qui gémit.

Vous ne permettrez pas qu'il en soit ainsi.

Si, contrairement à ce que je pense, vous alliez donner un vote dans le sens que propose le sénateur Bourjolly, je ne crois pas que le pays, que la postérité seraient d'accord avec vous. Vous ne le ferez pas, Messieurs les sénateurs : vous direz que cette mesure est rigoureuse, mais qu'elle est juste, équitable, et que nous avons le droit de la prendre. Nous avons à équilibrer notre budget ; nous ne pouvons pas laisser nos fonctionnaires et nos soldats sans pain, quand quelques individus perçoivent des intérêts de 24 0/0 l'an. Le pays entier proteste contre les paroles du sénateur Bourjolly. Il est temps que cette injustice cesse. La difficulté des circonstances que nous traversons exige cette mesure. Tout le temps que nous avons été riches, nous avons pu faire des largesses. Aujourd'hui que nous sommes pauvres, nous ne pouvons pas continuer à être généreux jusqu'à la folie, jusqu'au suicide. Pendant de longues années, nos créanciers étaient très heureux de percevoir ces intérêts élevés ; maintenant, ils peuvent faire le sacrifice que nous leur demandons. S'ils ne le faisaient pas, la République sombrerait et un pays ne peut pas mourir. J'accepte la responsabilité entière de cet acte. On est venu vous dire ici dans un papier qu'en 1893 j'avais subi un échec. Cela n'est pas vrai. J'avais imposé aux créanciers de l'Etat une mesure qui a été votée par le Corps législatif. Après le vote de cette mesure, les titres ont été plus haut cotés qu'auparavant et les créanciers eux-mêmes, qui se prétendaient lésés, sont venus nous offrir des capitaux plus que nous n'en avions besoin. En matière de finances, il ne faut pas être dupe, il faut être sage. Du reste, il faut l'être toujours dans la vie...

Vous ne vous arrêterez donc pas, Messieurs, au sombre tableau que vient de vous faire le sénateur Bourjolly. Il s'est présenté malheureusement dans notre carrière nationale des circonstances où, quoique ayant raison au fond, nous avons eu tort dans la forme, et l'étranger en a pu tirer parti contre nous, parce que nous sommes un peuple faible. Mais, en vérité, il ne faut pas voir partout et appeler le canon étranger sur nos têtes. Si l'on avait écouté les raisonnements semblables à celui que vous venez d'entendre, le procès de la Consolidation n'aurait pas eu lieu, car, chaque jour, on venait dire au Président de la République que l'autonomie nationale était menacée. Vous savez, Messieurs, qu'il n'en était rien.

Ayons une plus haute idée des nations civilisées. Les nations civilisées ne font pas des actes injustes. Il y a des taux en matière de commerce qu'il n'est pas permis de dépasser.

Nous n'entendons pas réduire le capital de

la Dette. Nous respectons le capital, mais nous demandons une diminution d'intérêts à nos créanciers, eux qui ont si bien profité de notre richesse passée, et durant si longtemps. Ce n'est donc pas un acte attentatoire à la propriété individuelle que nous commettons ; c'est plutôt un acte de justice que notre situation nous force d'accomplir. Et si nous ne le faisons pas, que deviendrons-nous ? Un peuple qui ne peut pas payer ses fonctionnaires n'est pas un peuple, il est près de l'abîme, il est dans l'abîme.

Le sénateur Bourjolly nous disait tout à l'heure de patienter, qu'il allait nous indiquer un moyen financier, un moyen d'équilibrer notre budget. Et lequel nous a-t-il indiqué durant longtemps ? La justice, c'est-à-dire le respect de ces mêmes engagements que nous vous dénonçons. Il nous a parlé de la loi, de l'équité et cela fait toujours bien dans un discours, car tout le monde peut en parler, chacun peut invoquer la loi et l'équité. Cependant, il s'agit d'entendre si on les invoque à bon droit. Mais comme moyens financiers d'équilibrer un budget, ils sont relativement peu efficaces. Et en attendant, il faut faire face à la situation. Il faut payer nos fonctionnaires, nos soldats, et nous ne le pourrons que si nous prenons cette mesure qui ne froisse pas l'équité, et qui, après qu'elle aura été adoptée, produira de grands biens.

Je vous supplie donc, Messieurs les sénateurs, de voter le projet de loi que le Gouvernement vous a présenté. Vous ferez acte de justice et de patriotisme. Vous donnerez au Gouvernement les moyens nécessaires pour ramener l'ordre dans nos finances et porter le papier-monnaie à un taux convenable, en en diminuant la grande quantité qui pèse sur le marché. Si vous n'adoptiez pas cette mesure, l'intérêt général serait sacrifié à celui de quel particuliers.

Le peuple ne doute pas, Messieurs les sénateurs, de votre patriotisme. Il espère que vous voterez ce projet de loi qui repose sur l'équité et la justice sociale la plus stricte.

. . . .

Messieurs, le sénateur Bourjolly vous a fait un tableau très sombre, très passionné. Il nous a reproché d'avoir présenté des budgets incohérents. Il a parlé des fermes-écoles, d'un tas de choses semblables. Il vous a parlé enfin, et avec quelle rancune, de la construction du Palais du Sénat. Mon Dieu ! J'ai appris que le sénateur avait sollicité cette construction dans le temps. Mais je n'étais pas ministre à ce moment. Et, si je l'avais été et que ma voix pût lui être utile, je la lui aurais donnée volontiers, parce que je suis sûr qu'il aurait bâti un Palais digne du Sénat.

Il a répété souvent, en parlant des moyens dont le ministre des finances pourrait disposer pour équilibrer le budget de la République : « Si vous voulez avoir des moyens, respectez les lois, pratiquez la vertu. » J'avoue qu'en qualité de ministre des finances, je n'ai jamais pu faire emploi de ce moyen — en tant qu'espèces sonnantes — je n'ai pas osé mettre dans le budget : *Voies et moyens : Respect des lois. Pratique de la vertu.* C'est une nouvelle façon d'équilibrer le budget. J'espère qu'il aura un jour l'occasion de mettre en pratique cette nouvelle règle. Et on verra alors l'accueil que le Corps législatif fera à cette innovation.

Messieurs, je ne serai pas aussi long que le sénateur ; j'userai même de beaucoup d'indulgence à son égard... Mais, pour ce qui a trait aux finances, je crois que ça laisse un peu à désirer de son côté. La preuve, c'est qu'il vous a entretenu deux longues heures, et toute son argumentation n'a roulé que sur la convention budgétaire Lespinasse, c'est-à-dire sur une erreur. Il a brandi ce *Moniteur* en vous disant : « Respectez cette Convention. » Mais, cette convention est respectée, il n'en est pas question dans ma loi. Justement, elle est écartée de la réduction, parce qu'elle va prendre fin dans quelques mois. Ce n'était pas la peine de l'y comprendre.

Messieurs, comme je vous l'ai dit, je ne serai pas aussi long que mon contradicteur. Je continuerai à adjurer le Sénat de voter cette loi qui est d'utilité publique et à laquelle la Chambre des représentants, qui est une portion considérable de l'opinion publique, a déjà donné sa consécration. Ce n'est pas une iniquité que nous vous demandons de commettre.

Car n'est-il pas plus juste que l'Etat propose une réduction d'intérêt à ses créanciers que de se trouver dans l'impossibilité de faire le service de la Dette ? La théorie du sénateur Bourjolly se réduit à ceci, c'est qu'au lieu de pouvoir retraiter le papier-monnaie, il nous faudrait en arriver inévitablement à une nouvelle émission. Telle est la stricte vérité. Ce serait, Messieurs, inique de sacrifier tout un pays à une petite oligarchie de millionnaires et de rentiers.

Voyez ce qui se passe autour de nous. La propriété foncière a baissé effroyablement. Pourtant, c'est par la terre qu'on est attaché à un pays. La terre, c'est l'armature de la patrie. Eh bien, on cite maintenant des maisons qui peuvent se vendre à peine deux mille dollars, c'est-à-dire dix mille gourdes. Autrefois, il y a dix ans, ces mêmes maisons auraient pu se vendre, sans la moindre difficulté, dix mille dollars. C'est une iniquité. Il ne se peut pas que tous périssent pour que l'égoïsme de quelques-uns triomphe. Une caste, celle des porteurs de la Dette intérieure, prend tout, absorbe tout le sang de la nation qui se meurt d'épuisement et d'anémie. Il faut que cette caste paye, désormais, sa part de l'impôt national que la misère a prélevé sur tous. Vous le payez, Messieurs, et vous n'avez pas les moyens de le payer, fonctionnaires qui recevez du papier-monnaie et qui voyez tristement, autour de vous, toutes choses renchérir. Il y a des pères de famille qui ne peuvent pas même donner une paire de souliers à leurs enfants. Et je connais des familles où les chaussures sont mises à tour de rôle. Quand un enfant sort, les autres sont pieds nus à la maison. Il faut réagir contre cette iniquité sociale qui sacrifie tout un peuple à l'égoïsme de quelques-uns.

Encore une fois, je vous adjure de voter la loi.

. . . .

M. F. MARCELIN. — Je suis très étonné de la question que vient de me poser le rapporteur, car rien ne me la faisait pressentir. Le rapporteur, jusqu'à ce moment, paraissait d'accord avec le ministre des finances.

. . . .

M. F. MARCELIN. — Nous avons discuté la question au Comité. Vous m'aviez même lu votre rapport et j'avais trouvé que c'était le plus chaud plaidoyer qu'on pût faire en faveur de la loi. Je croyais donc que nous étions d'accord. Mais je constate que je me suis trompé. D'abord, vous faites une erreur capitale en citant l'exemple de l'emprunt Domingue, et si je ne relevais le point historique sur lequel vous vous appuyez, vous pourriez induire l'assemblée en erreur. Voici le fait :

Depuis très longtemps, le service de l'emprunt Domingue n'était pas fait.

Les créanciers de l'Etat considéraient leurs créances comme à peu près perdues, si vrai que partout on ne parlait que de la mauvaise foi du Gouvernement d'Haïti, qui se trouvait dans un cas commun à beaucoup de Gouvernements, notamment à celui du Portugal.

Le général Salomon offrit aux porteurs de l'emprunt Domingue une réduction d'intérêts. Ils acceptèrent. On leur aurait offert moins encore qu'ils auraient accepté, car, pour eux, leurs titres n'avaient aucune valeur. Vous ne pouvez donc pas assimiler ce cas à celui de la Dette intérieure actuelle, dont le service se fait régulièrement et n'a subi aucun retard. Aucune comparaison n'est ici possible. Et, à ce point de vue, je reviens à la grande différence à établir entre la Dette intérieure et la Dette extérieure d'un Etat. La Dette extérieure est celle qui traverse l'océan quand elle a été épurée de toutes les scories qui l'avaient salie à l'intérieur. Tel n'est pas le cas pour la Dette intérieure dont les Gouvernements étrangers se désintéressent le plus souvent. Quoique je n'aime pas à citer des auteurs, parce que c'est faire preuve de science facile, et parce que je ne suis pas homme de science, je me souviens qu'un économe distingué, M. Paul Leroy-Beaulieu, a toujours recommandé aux petits Etats de payer régulièrement leurs Dettes extérieures. Il leur a dit : « Petits Etats à finances embarrassées, vous pouvez faire des Dettes intérieures tant que vous voudrez ; mais, quant aux Dettes extérieures, contractez-en le moins possible, car elles vous susciteront des chicanes. »

Or, quand le général Salomon fit ces propositions aux porteurs des titres de l'emprunt Domingue, il voulait rétablir le crédit de l'Etat dont il avait grand besoin après la malheureuse guerre civile de Miragoâne. Et personne n'ignore que c'est à ce moment que s'est ouverte l'ère des emprunts à jet continu dont nous ne nous débarrassons pas jusqu'à ce jour. Car, comment est constituée la Dette intérieure ? Elle est formée des titres de ces emprunts et des feuilles d'appointements. C'est avec ces effets, achetés à 7 0/0 ou 10 0/0, c'est-à-dire 90 0/0 de gain, qu'on a constitué ces intérêts affreusement usuraires aux porteurs des titres de la Dette intérieure.

Maintenant, pour répondre à la question que m'a posée le sénateur Laroche, je vous dirai que j'ai convoqué à la Banque les porteurs et je leur ai dit : le Gouvernement se trouve dans une impasse, il ne peut pas faire face au service public, il se voit dans la nécessité de vous demander de consentir à une réduction des intérêts que vous percevez, car nous ne pouvons pas laisser le service public en suspens, ni nos fonctionnaires et nos soldats sans être payés.

Pas une voix n'a répondu que l'on pourrait peut-être faire une aumône à cette malheureuse République qui a été naguère pour eux si généreuse. L'un d'eux m'a dit que je devais réduire le budget.

Pensez-vous qu'il serait équitable de condamner un pauvre fonctionnaire qui gagne cent gourdes en papier-monnaie, quand c'est déjà la faim perpétuelle pour lui, à ne percevoir que la moitié de ses dérisoires appointements ?

D'autre part, les raisons les plus puissantes et les plus justes qui démontrent la nécessité de la mesure que nous vous demandons d'adopter sont exposées dans le rapport que vous a soumis votre comité des finances.

Je lis, en effet, dans ce rapport : « Il ressort de nos délibérations que c'est un droit pour tout Etat de recourir pour établir le niveau de son budget, à la réduction des intérêts de sa dette quand il est prouvé que ces intérêts sont en disproportion avec le cours coté des valeurs, de telle sorte que les revenus de ces valeurs se trouvent doublés, quand déjà, même au pair, ils seraient usuraires si l'on veut prendre en considération le taux élevé et injuste du change qui, coté à 450 0/0 à l'heure actuelle est le fait de l'agiotage imprudent et effréné des banquiers.

« Il est bon de remarquer que tous ces intérêts sont payables en dollars américains et bénéficient, par conséquent, du taux du change.

« De tels intérêts constituent des charges qui menacent d'arrêter la marche régulière de l'administration publique. En effet, si l'on jette ses regards sur les causes qui ont amené le déficit accusé dans le budget, on en trouvera l'explication dans les intérêts énormes que l'Etat paie sur sa Dette intérieure et qui absorbent la majeure partie de nos recettes ordinaires provenant des douanes. Il reste une dernière considération qu'il est sage de signaler à l'attention du Sénat, c'est la différence du prix de cotation de la Dette extérieure sur le marché de Paris et de la Dette intérieure sur le marché de Port-au-Prince. Tandis que les deux Dettes reposent sur la même garantie douanière, ont le même débiteur, l'Etat haïtien, la première a atteint presque le pair, et la deuxième est cotée à peine à 50 0/0 de sa valeur nominale amortie par l'Etat ! Cette simple constatation devrait, ce nous semble, écarter toute hésitation de la part du Grand Corps et motiverait, en dehors des autres raisons, l'opinion du Comité.

« Cette situation ne peut durer sans entraîner des conséquences qui seraient autrement préjudiciables tant aux porteurs de titres qu'à l'Etat lui-même. »

Messieurs, j'ai trouvé ce rapport, rédigé par le sénateur Laroche, tellement beau, tellement bien pensé, que je me suis demandé, quand il me l'a lu, si jamais je pourrais rencontrer de pareils accents pour vous convaincre. Il n'y a pas à hésiter, Messieurs, devant la loi qui est devant vous. Il faut penser comme le rapporteur a pensé. Car le Gouvernement doit être en mesure de pourvoir aux dépenses publiques. Pour réduire le budget, il nous faudrait demander à Messieurs les sénateurs de consentir à une réduction de moitié de leurs indemnités. Il nous faudrait imposer le même sacrifice à tous les fonctionnaires de l'Etat.

Messieurs, toutes les considérations que je viens de vous présenter, je les ai soumises aux porteurs des titres de la Dette intérieure, mais ils n'ont pas voulu m'entendre.

J'ai traversé des situations bien diverses dans ma vie. J'ai vu des assemblées houleuses, j'ai entendu souvent des voix discordantes s'élever à mes oreilles. J'ai vu l'Océan en fureur, ce qui, par parenthèse, ne plaît guère au sénateur Bourjolly, qui me reproche mes voyages.

Il m'est impossible cependant de vous donner une idée de ce que c'était que l'assemblée des créanciers, quand je leur parlai de cette réduction d'intérêts. Cela s'explique et je m'y attendais.

Comment voulez-vous qu'il en soit autrement quand vous dites à des créanciers : « Les intérêts que vous percevez sont trop élevés. Au nom du pays, contentez-vous d'un intérêt moindre. » Il leur faudrait une vertu surhumaine pour accepter sans cris et tapage.

Messieurs, je ne veux pas savoir ce que le règlement dit ou ne dit pas. Mais je déclare que lorsqu'on a non seulement signé, mais rédigé un rapport tellement concluant que le ministre des finances n'a même pas osé conclure d'une façon aussi péremptoire que le rapporteur, il faut qu'on ait des motifs bien puissants pour changer d'opinion dans les vingt-quatre heures.

. . . .

M. F. MARCELIN. — Je vous remercie, Messieurs les sénateurs, du vote patriotique que vous venez de lancer. La nation n'attendait pas moins de votre civisme.

M. LE PRÉSIDENT. — La loi sera envoyée à l'Exécutif pour être promulguée, conformément à la Constitution.

Cependant la Banque Nationale d'Haïti essaya de faire échec à la loi. En dépit de ses promesses formelles, des engagements pris, elle refusa de se dessaisir des affectations dont aujourd'hui légalement l'État avait la disposition..... Le 17 juillet je fus donc obligé de me présenter à la Chambre des députés pour lui faire cette communication:

Messieurs les Députés,

Au nom du Gouvernement, j'ai l'honneur de vous faire une communication de la plus haute importance et sur laquelle j'appelle toute votre attention.

Vous avez voté trois lois : l'une portant réduction des intérêts de la Dette intérieure, l'autre augmentant les revenus jusqu'ici employés au retrait du papier-monnaie, la dernière affectant au service public les valeurs recouvrées du procès de la Consolidation.

Ces trois lois, après leur promulgation, ont rencontré dans leur exécution du côté de la Banque Nationale d'Haïti — non pas un refus d'obéissance nettement caractérisé : si cela était, je serais venu vous demander déjà d'autres moyens pour la forcer à l'obéissance — mais une tergiversation funeste à la bonne marche des affaires publiques et partant à l'existence même de cet établissement qui, par le fait, et si cette situation ne cessait, peut se trouver sous le coup de graves dommages-intérêts vis-à-vis de l'Etat dont il entrave le service.

Je vais vous donner lecture du dossier relatif à cette situation.

Vous y trouverez peut-être, et plus que jamais, cet esprit de chicane, de réticence, de désaccord avec l'esprit national, d'inattachement à ce pays où l'on n'a pas voulu prendre racine, qui a toujours guidé la Banque Nationale de sa naissance à nos jours, et duquel je vous apporterai sans doute, et avant longtemps, une nouvelle preuve... Quand nous sommes loyaux et sincères, quand nous voulons relever la Banque, la sortir, dans son intérêt et dans le nôtre, du discrédit moral où le procès de la Consolidation l'a jetée, quand nous lui demandons l'exécution des mesures votées par vous pour le bonheur du peuple, pour nous empêcher de mourir de faim, pour nous permettre de moraliser notre Dette intérieure qui, par ses intérêts usuraires, ses consolidations tantôt véreuses, tantôt louches, toujours discutables, n'était jusqu'à ces temps derniers qu'un grand scandale, la Banque fait des embarras, elle crée des obstacles, elle est méticuleuse, pointilleuse, tourmenteuse. Elle parle abondamment de lois, de règlements...

Hélas ! nous n'oublierons pas, nous ne pouvons pas oublier que, hier encore, elle se contentait de simples lettres confidentielles pour fabriquer les faux titres de cette même Dette intérieure, alors considérée comme la Toison d'or à la conquête de laquelle chacun, de quelque manière que ce fût, devait partir...

Comment oublierons-nous cela ? Les jugements des 25 et 17 décembre 1904 ne sont-ils pas debout ! Nous avons pardonné : nous n'oublions pas. En vain la Banque dira-t-elle à l'assemblée de ses actionnaires du 29 mai, à l'occasion de ce procès :

« La Banque elle-même n'était pas mise en

cause et en maintes reprises, au cours des débats, les magistrats de la République ont reconnu qu'elle ne pouvait être incriminée et qu'elle était restée complètement étrangère aux actes de ses agents. »

Cela est vrai. Les responsabilités pécuniaires sont effacées. Mais les responsabilités morales sont debout. Elles ne sauraient être amnistiées que par une conviction désormais sincère, réfléchie, continue, de la part de la Banque, de faire enfin un peu de bien à ce pays... Car, dans quelle contrée du monde, après un tel événement, la Banque serait-elle restée debout ? Et serait-elle restée debout, si nous ne l'avions pas voulu, si nous n'avions pas voulu lui donner la possibilité de se racheter ? C'est cette nouvelle ligne de conduite que le secrétaire d'Etat qui est devant vous a cru qu'il était honnête, qu'il était habile de proposer à cette institution. C'est ce qu'il a fait dès son arrivée aux affaires. C'est ce qu'il entend continuer. Mais il faut qu'il n'y ait ni équivoque, ni duperie.

Je crois, en effet, que, hors de là, il n'y a point de salut pour la Banque. Je veux donc espérer qu'elle le comprendra. Et que, dans cette œuvre de restauration — puis-je dire, Messieurs, de restauration, car à quel moment la Banque l'a-t-elle jamais eue, la confiance nationale ? — dans cette œuvre nouvelle plutôt de gagner la confiance nationale, le Gouvernement ne trouvera plus en elle un adversaire rebelle, obstiné, inintelligent, dédaignant systématiquement la riche proie du développement économique de notre pays pour l'ombre louche, et en définitive peu profitable, des petites affaires...

Je passe à la lecture des pièces.

Le 4 juillet, le directeur de la Banque m'écrivait :

« Port-au-Prince, le 4 juillet 1905.

« Monsieur le Secrétaire d'Etat des finances et du commerce, Port-au-Prince.

« Monsieur le Secrétaire d'Etat,

« Nous avons l'honneur de vous remettre, ci-joint, copie d'un acte d'opposition qui nous a été signifié hier, à la requête de divers.

« Vous constaterez que les requérants, porteurs de titres de créances sur le Gouvernement de la République, s'opposent à ce que la Banque se dessaisisse : 1° de l'affectation de P. 1.33 1/3 sur le café donnée en garantie des dettes 12 et 6 0/0 ; 2° de celle de 4/8 des 25 0/0 or américain à l'importation destinée au paiement des intérêts et amortissement de la dette intérieure 5 0/0 ; 3° enfin des 80 0/0 des droits sur le cacao, campêche et racines de campêche, servant de garantie aux emprunts réunis du Gouvernement provisoire et du 10 janvier 1903. Ils menacent de nous rendre personnellement responsables si leur opposition n'était pas respectée, en nous amenant soit devant les tribunaux de la République, soit devant les tribunaux français.

« Dans ces conditions, nous avons l'honneur de porter à votre connaissance que nous ne pouvons plus, quant à présent, donner suite aux instructions contenues dans votre dépêche n° 396 du 26 juin 1905 et relatives à la répartition des droits, ni nous dessaisir des affectations dont parle l'opposition susénoncée, que nous sommes obligés de respecter.

« Veuillez agréer, Monsieur le Secrétaire d'Etat, les assurances de notre très haute considération.

« Banque Nationale d'Haïti,
« CH. VAN WIJCK. »

Le 6 juillet, le département répondait à la Banque :

« Port-au-Prince, le 6 juillet 1905,
« an 102e de l'Indépendance.

« Le Secrétaire d'Etat au département des finances et du commerce, au directeur de la Banque Nationale d'Haïti.

« Monsieur le Directeur,

« Je vous accuse réception de votre lettre du 4 juillet, me remettant copie d'un acte d'opposition qui vous a été signifié à la requête de divers.

« Vous ajoutez « que vous ne pouvez plus, « quant à présent, donner suite aux instruc- « tions contenues dans ma dépêche n° 396 du « 26 juin 1905 et relatives à la répartition des « droits, ni vous dessaisir des valeurs prove- « nant des affectations dont parle l'opposition « susénoncée, que vous êtes obligé de respec- « ter ».

« L'opposition dont vous m'entretenez est pour vous nulle et sans valeur.

« Car vous n'avez pas, je suppose, l'intention de faire échec à la volonté du Corps législatif nettement exprimée par la loi du 23 juin 1905. Votre rôle, dans la circonstance, doit se borner à me transmettre purement et simplement la protestation des porteurs de titres sans commentaires aucun, car vous êtes agent du Gouvernement haïtien. En cette qualité, vous n'avez pas le droit de vous opposer à l'exécution d'une loi de l'Etat.

« Je vous invite donc à vous conformer strictement et en tous points aux instructions que je vous ai données dans ma dépêche n° 396 du 26 juin 1905.

« Veuillez, Monsieur le Directeur, agréer les assurances de ma considération distinguée.

« F. MARCELIN. »

Cette lettre restait sans réponse. Le 10 juillet, j'écrivais à la Banque :

« Liberté — Egalité — Fraternité
« REPUBLIQUE D'HAITI

« Port-au-Prince, le 10 juillet 1905,
« an 102ᵉ de l'Indépendance.

« Le Secrétaire d'Etat au département des finances et du commerce au directeur de la Banque Nationale d'Haïti.

« Monsieur le Directeur,

« Je vous prie de me faire tenir aujourd'hui même deux états, l'un des valeurs encaissées pour le service de la Dette intérieure, P. 1.10 sur le café, et l'autre des sommes perçues pour compte de l'Etat, la différence entre P. 1.10 et P. 1.33 1/3 sur café, 0.80 0/0 des droits sur campêche et cacao — le tout du 1ᵉʳ juillet à ce jour.

« Je vous ai invité à porter dans un compte spécial le produit de la moitié de la surtaxe de 25 0/0 à l'importation, destinée au retrait du papier-monnaie. Envoyez-moi en même temps l'extrait de ce compte.

« Veuillez agréer, etc.

« F. Marcelin. »

Le même jour, nouvelle lettre ainsi conçue :

« Port-au-Prince, le 10 juillet 1905,
« an 102ᵉ de l'Indépendance.

« Le Secrétaire d'Etat au département des finances et du commerce au directeur de la Banque Nationale d'Haïti.

« Monsieur le Directeur,

« Je vous envoie sous ce pli le numéro du *Journal officiel* dans lequel est insérée la loi du Corps législatif du 7 juillet 1905, promulguée par S. Exc. le Président d'Haïti.

« Cette loi devant avoir son plein et entier effet, je vous prie de me faire tenir, dès réception de la présente dépêche, pour être ordonnancée en recette, l'état des valeurs déjà recouvrées et déposées à la Banque en vertu de saisies régulièrement effectuées.

« Veuillez agréer, Monsieur le Directeur, les assurances de ma considération distinguée.

« F. Marcelin. »

Le lendemain, 11 juillet, j'écrivais à la Banque :

« Port-au-Prince, le 11 juillet 1905,
« an 102ᵉ de l'Indépendance.

« Le Secrétaire d'Etat au département des finances et du commerce au directeur de la Banque Nationale d'Haïti.

« Monsieur le Directeur,

« Je vous prie d'avoir l'obligeance de répondre immédiatement à la dépêche de mon département, en date du 6 juillet courant, au n° 451, que je vous confirme dans toute sa teneur.

« Veuillez agréer, etc.

« F. MARCELIN. »

Le 15 juillet, une lettre :

« Port-au-Prince, le 15 juillet 1905,
« an 102° de l'Indépendance.

« Le Secrétaire d'Etat au département des finances et du commerce au Directeur de la Banque Nationale d'Haïti, en son hôtel.

« Monsieur le Directeur,

« En contrôlant les comptes recettes et paiements or remis à mon département, j'ai remarqué que la Banque a omis de porter au crédit du Gouvernement les sommes disponibles en vertu de la nouvelle loi votée par le Corps législatif.

« Je vous retourne donc ledit extrait en vous demandant d'y faire figurer toutes les sommes en or disponibles à partir du 1er juillet de cette année.

« La Banque ne peut mettre en délibération l'exécution d'une loi du Gouvernement régulièrement votée par le Corps législatif. Elle doit s'y conformer strictement, sous peine d'être responsable des préjudices qui pourraient être causés à l'Etat de tout retard apporté dans le paiement des services publics, notamment des dépenses que nécessite la sécurité du Gouvernement.

« Veuillez agréer, Monsieur le Directeur, l'assurance de ma haute considération.

« F. Marcelin. »

Mais, le samedi 15 juillet, je recevais cette lettre, datée du 14 écoulé, de la Banque Nationale :

« Banque Nationale d'Haïti

« Port-au-Prince, le 14 juillet 1905.

« Monsieur le Secrétaire d'Etat au département des finances et du commerce, Port-au-Prince.

« Monsieur le Secrétaire d'Etat,

« Nous avons l'honneur de vous remettre sous ce pli, la copie d'une lettre que les signataires de la protestation du 30 mai 1905, au sujet de la disposition des fonds provenant des affectations déléguées à la Dette intérieure, ont envoyé à notre siège social.

« Nous nous permettons d'attirer tout particulièrement votre attention sur ce fait que les porteurs de titres considèrent que la Banque encaisse le produit des droits affectés en garantie des Dettes de l'Etat haïtien pour le compte des créanciers et non pour celui du Gouvernement.

« Vous signaler cette prétention suffit pour vous faire comprendre jusqu'à quel point les créanciers veulent nous rendre responsables des mesures prises, et nous comptons sur votre haute impartialité, Monsieur le Secrétaire d'Etat, pour que soient prises les décisions nécessaires pour que la responsabilité de la Banque ne puisse être mise en cause quand elle ne fait qu'appliquer les mesures édictées par le Gouvernement.

« Veuillez agréer, Monsieur le Secrétaire d'Etat, les assurances de notre très haute considération.

« *Le Directeur,*
« Charles van Wijck. »

Vous le voyez, Messieurs, cette lettre n'est pas une réponse à mes précédentes dépêches. Elle demande au Secrétaire d'Etat de prendre des décisions nécessaires, comme si des lois votées par vous n'étaient pas la décision suprême, irrévocable, à laquelle tout agent du Gouvernement haïtien doit soumission et obéissance !

Tel est, Messieurs, l'état de la question. Le Secrétaire d'Etat des finances vient vous demander d'affirmer votre résolution de faire exécuter les lois régulièrement votées par vous. Malheur à tous ceux qui voudraient faire obstacle à la volonté nationale !

Mais ce n'était pas seulement avec la Banque, en ce moment-là, que j'avais des difficultés. On trouva le moyen de faire comprendre au Président que j'agissais contrairement aux intérêts de l'État en répandant largement dans la circulation le million de nickel que le Corps législatif avait voté pour être échangé contre un million de papier-monnaie. A la suite d'un échange de vues où le Président me marqua franchement son intention de garder en dépôt au Commissariat le million de nickel pour réprimer, disait-il, l'agio, je fus obligé de lui adresser la dépêche suivante :

Port-au-Prince, le 21 juillet 1905.

A Son Excellence le Président de la République.

MONSIEUR LE PRÉSIDENT,

L'entretien que j'ai eu ce matin avec Votre Excellence à propos de la monnaie de nickel, m'a suggéré quelques réflexions que, pour le bien public, j'ai le devoir de lui soumettre :

La loi fait l'obligation formelle au département des finances d'échanger cette monnaie contre des billets de caisse qui devront être livrés aux flammes. L'avis inséré dans le *Journal officiel* détermine les conditions de cet échange et le mode de brûlement. C'est donc un retrait d'un million de gourdes autorisé par le Corps législatif et une augmentation de monnaie de nickel de pareille valeur en vue de faciliter les transactions commerciales.

Il est de mon devoir d'activer cette opération et de répandre rapidement cette monnaie, en évitant soigneusement tout ce qui tendrait à la raréfier. Autrement, cette monnaie ferait prime comme auparavant, et les conditions désastreuses dans lesquelles nous venons à peine de sortir se reproduiraient infailliblement. Il n'y a pas de prime en ce moment. Déjà, à la Banque, les petits échanges se font rares et le public ne se hâte plus d'accourir à son guichet.

Il ne faut pas la garder, mais la répandre au fur et à mesure de son arrivée. Je suis persuadé que j'atteindrai pleinement le but du législateur en continuant à procéder de la façon que j'ai suivie jusqu'à ce jour et qui est d'ailleurs conforme à la loi et à l'avis précité.

Tout le million doit être échangé et brûlé. J'ai la surveillance exclusive de cette disposition de loi sous peine d'être condamné par les Tribunaux compétents aux travaux forcés à perpétuité. Ma responsabilité seule est en jeu, et cette surveillance je dois l'exercer en suivant même mes ordres au commissariat et à la Commission parlementaire de contrôle du retrait. Je dois aussi veiller à ce que les brûlements correspondent aux échanges effectués, devant à un moment donné rendre compte exactement à Votre Excellence et au Corps législatif de tout ce qui a trait à cette opération et en réclamer décharge.

Ces réflexions, Votre Excellence ne manquera pas de les apprécier, car elles sont l'expression vraie de mon désir d'exécuter une loi régulièrement votée par le Corps législatif.

Daignez agréer, Monsieur le Président, l'hommage de mon profond respect et de mon entier dévouement.

F. Marcelin.

Le Président de la République me répondit:

Port-au-Prince, le 22 juillet 1905.

Nord Alexis, Président de la République, au Secrétaire d'Etat des finances.

Monsieur le Secrétaire d'Etat,

Je m'empresse de répondre à votre lettre en

date de ce jour, sans numéro, par laquelle vous vous faites le devoir, dites-vous, de me soumettre quelques réflexions qui vous ont été suggérées par l'entretien que nous avons eu ce matin, à propos de la monnaie de nickel.

Vous m'exposez : « La loi fait l'obligation formelle au département des finances d'échanger ce million de monnaie contre pareille valeur en billets de caisse à retraiter, suivant des conditions et mode déterminés par un avis ministériel que vous avez publié à l'*Officiel*, et, dans le but de faciliter les transactions commerciales, d'éviter le retour de la situation désastreuse qu'avait créée la rareté de la monnaie, vous vous sentez, dites-vous, le devoir d'en diffuser activement le stock que vous avez, en évitant soigneusement tout ce qui tendrait à la raréfier.

Et, en m'annonçant que la monnaie ne fait plus prime, vous me marquez, enfin, Monsieur le Secrétaire d'Etat, l'assurance que vous atteindrez pleinement le but du législateur en continuant à procéder de la façon que vous avez jusqu'à ce jour suivie et qui est, sans doute, conforme à votre avis précité.

C'est, comme vous, dans l'intérêt du bien public et de propos délibéré à loisir que j'ai adopté les vues que je vous ai transmises et qui vous conduiront à parfaite réalisation du vœu contenu dans la loi. Ces vues sont, vous voudrez bien le noter, fondées d'abord sur une série de constatations que j'ai été personnellement à même de faire et, ensuite, sur des informations que, chaque jour, je recueille, touchant l'attitude que prennent, à chaque nouvel acte du gouvernement, certains individus influents dans le monde des affaires.

Vous voulez, selon votre propre aveu, suspendre les petits échanges et en pratiquer pour des valeurs considérables en faveur des maisons de commerce. Eh bien, ce procédé, expéditif en soi, est justement celui qui rendit inefficaces de successives émissions de monnaie faites par mon gouvernement avant que je vous eusse appelé dans mon conseil. Ce sont ces grands échanges dont vous voulez imprudemment aujourd'hui favoriser les commerçants qui nous conduisirent à cette crise dont vous dites redouter le retour.

Voici un renseignement qui vous éclairera davantage : cette semaine, des opérations payables livrables ont été contractées à 4 et 5 0/0 de monnaie contre gourdes pour fin octobre.

L'intérêt de mon Gouvernement prescrit, comme vous le voyez, de prévenir la manœuvre de négociants qui s'occupent d'autre chose que de leur négoce et qui essaient d'exploiter la complaisance des ministres des finances pour drainer la monnaie, la faire stagner dans leurs coffres et exciter le populaire en lui enlevant les moyens des petits achats de la consommation.

Appliquons-nous donc, Monsieur le Secrétaire d'Etat, à procurer des facilités au peuple et veillons à ne pas tomber dans le piège des hommes d'affaires.

Pour ce qui est des responsabilités dont vous me parlez, vous savez bien qu'au-dessus des lois particulières, la Constitution vous fait partager avec moi la responsabilité des actes qu'après moi vous contresignez et que, de plus, la plus considérable des responsabilités ici, la responsabilité politique, moi seul je la porte.

Dans l'assurance que ces explications justifieront à vos yeux mes vues et que vous reconnaîtrez qu'elles seules donnent le moyen pratique d'arriver au but proposé pour la loi, je vous renouvelle, Monsieur le Secrétaire d'Etat, l'assurance de ma haute considération.

NORD ALEXIS.

Le débat, de son origine, avait peut-être un peu dévié... N'importe, comme il faut toujours essayer d'avoir le dernier mot, je répliquai ainsi qu'il suit :

Port-au-Prince, le 24 juillet 1905.

A Son Excellence le Président d'Haïti.

Monsieur le Président,

J'ai l'honneur de répondre à votre dépêche du 22 juillet, au n° 1321.

Je fais respectueusement observer à Votre Excellence que je n'ai jamais pensé à suspendre les petits échanges et à en pratiquer pour des valeurs considérables en faveur des maisons de commerce. J'ai observé dans ma dépêche que, déjà, les petits échangistes se pressaient moins aux guichets de la Banque parce qu'ils ont la certitude qu'ils auront de la monnaie, et qu'il n'y a partant pour eux aucune nécessité de sa hâter.

Toute la quantité de monnaie arrivée jusqu'à ce jour a été répartie, suivant l'état que je vous envoie sous ce pli.

J'ai donné, il est vrai, quelques ordres pour des commerçants. Je pensais me tenir exactement dans les termes de l'avis du 1ᵉʳ juillet au département des finances. Du reste, ces quantités ne sont pas considérables et elles ne se seraient pas répétées sur les mêmes personnes. Cependant, puisque Votre Excellence pense qu'il peut y avoir là un danger politique, cet intérêt supérieur doit nécessairement primer, je le reconnais, l'intérêt économique que j'avais cru envisager.

Bien que je n'aie aucun pouvoir pour influencer les contrats commerciaux, je ne manquerai pas de surveiller attentivement les opérations que Votre Excellence signale et qui ont pour objet notre monnaie de nickel. Si des commerçants achètent en ce moment de la monnaie de nickel à 4 et 5 0/0 fin octobre, c'est ou qu'ils croient qu'elle ne sera pas répandue assez abondamment, ou qu'ils veulent s'éviter la peine de la réclamer de l'Etat et de stationner aux guichets de la Banque. Ils recourent donc aux intermédiaires. Dans ce cas, le seul moyen d'y obvier est de la mettre facilement à leur disposition.

Cependant, Votre Excellence me permettra de lui faire remarquer — car je lui dois la franchise en tout — que je ne vois rien d'alarmant dans le fait qu'elle me signale. Ce sont transactions commerciales, jeux de hasard, pronostics que l'événement peut vérifier ou faire échouer demain. C'est l'essence même du commerce. Nous n'avons pas à y intervenir. Et puis, le taux de 4 ou 5 0/0 fin octobre, en pleine récolte, quand nous avons eu jusqu'à

45 0/0 dernièrement, quand l'Etat a tout ce qu'il faut en main pour faire avorter les combinaisons qui tenteraient de sortir de la sphère purement commerciale, n'est pas effrayant...

Pourtant, ce que je dois soigneusement surveiller, c'est la nature même des intermédiaires. S'il n'y a que commerçants qui trafiquent entre eux, je n'ai rien à dire. Je n'ai qu'à prendre mes mesures, selon le vœu de la loi et le vœu de Votre Excellence, pour que la monnaie se répande dans toutes les classes. Mais si ces intermédiaires étaient des personnes qui penseraient, de façon ou d'autre, capter la monnaie, faire monter la prime, pour leur trafic personnel, et pour le plus grand dommage de la communauté, Votre Excellence peut compter que ces manœuvres de l'agio seront déjouées.

Que Votre Excellence veuille accepter l'hommage de mon entier dévouement.

F. Marcelin.

Mais d'autres soins, autrement graves, allaient retenir toute mon attention.

En effet, la Banque, après m'avoir donné l'assurance formelle que le vote de la résolution législative — résolution que l'on trouvera plus loin — la satisfaisait complètement, fermait violemment sa caisse au Gouvernement, refusait de payer la solde, la ration, les frais de police, suspendait, en un mot, tout paiement. C'était la capitulation par la faim, moyen souvent employé par l'institution nationale. Les deux dépêches suivantes, l'une de mon collègue de l'Intérieur, l'autre du Commissaire du Gouvernement près de la Banque, ne laissaient aucun doute sur ses intentions :

Mon cher Collègue,

Depuis le 24 juillet dernier, vous avez signé des lettres de paiement sur la Banque Nationale pour indemnité du Président de la République, frais de police, dépenses extraordinaires pendant le mois d'août, frais de presse et abonnements aux journaux étrangers pendant le mois de juillet 1905 ; le payeur de mon département s'est présenté à plusieurs reprises au guichet de cet établissement, qui a formellement refusé d'exécuter vos ordres.

Je vous retourne lesdites pièces et vous prie de faire ce que de droit en la circonstance.

Meilleurs compliments.

PÉTION P.-ANDRÉ.

Monsieur le Secrétaire d'Etat,

Je vous accuse réception de votre lettre de ce jour au n° 599 qui a eu toute mon attention et je m'empresse de vous fournir le renseignement demandé.

Par suite du refus réitéré de la Banque de payer la ration des troupes cantonnées à Port-au-Prince pour la semaine du 30 juillet au 7 août, et suivant les instructions formelles reçues du Gouvernement de ne jamais laisser le paiement de la ration en souffrance lorsque j'ai en dépôt les fonds nécessaires, j'ai dû acquitter le reçu que me présentait le payeur de la guerre avec la monnaie provenant du million de nickel, soit *onze mille cinq cents gourdes.*

Espérant que ce renseignement suffira à votre pleine édification, je vous prie d'agréer, Monsieur le Secrétaire d'Etat, l'assurance de ma parfaite considération.

THIMOCLÈS LAFONTANT.

Voici ce qui était arrivé :

M. van Wijck, directeur de la Banque, était venu un matin, tout ému, chez moi. Il m'avait déclaré que le Siège social refusait de sanctionner l'accord intervenu entre nous, c'est-à-dire d'accepter le vote de la Résolution législative dont les termes avaient été arrêtés par lui, d'accord avec M. A. Bonamy, conseil de la Banque. On juge de la délicate, de la pénible situation dans laquelle je me trouvais, après avoir fait voter cette Résolution en Conseil, après en avoir sollicité, comme on a vu, le vote du Corps légistatif. Et tout cela pour avoir voulu quand même l'accord avec la Banque, pour avoir cru à son Directeur ! Le Président de la République ne manquerait pas de me rappeler : « Que vous avais-je dit ? » Et mes collègues et le Corps législatif ne me reprocheraient-il pas ma légèreté ? Je déclarai à M. van Wijck qu'il était obligé de venir au Palais faire cette déclaration au Président et aux ministres. Il finit par y consentir et je n'ai pas besoin de vous dire que l'entretien fut assez mouvementé.

— Qu'allez-vous faire ? me demanda M. van Wijck, en quittant le Palais et prenant congé de moi.

— Vous le saurez bientôt, lui répondis-je.

Le lundi 31 juillet, à midi, le cabinet se présenta au Corps législatif. A la Chambre des Députés, je m'exprimai ainsi :

« Messieurs,

« C'est encore de la Banque Nationale d'Haïti que le Gouvernement vient vous entretenir.

« Vous avez voté, il y a quelques jours, avec une extrême bonne grâce, et pour éviter toute difficulté, une résolution tendant à l'exécution des différentes lois régulièrement rendues par le Corps législatif et promulguées par l'exécutif.

« La Banque avait adhéré complètement à cette résolution. Elle l'avait même sollicitée sous des prétextes plus ou moins spécieux.

« Elle y avait adhéré, elle l'avait sollicitée, cette résolution, peut-être bien dans l'espoir secret que, lassant votre patience, et dans le juste sentiment que des lois votées n'auraient pas besoin d'une résolution pour être obligatoires, vous auriez refusé de faire cette concession...

« Vous avez eu la patriotique abnégation de ne pas vous arrêter à ces considérations.

« Déjouée dans ses calculs, elle a jeté alors

le masque, et, au mépris de la parole donnée, de la parole écrite, elle a refusé formellement de se soumettre aux lois auxquelles, le 17 juillet, elle promettait obéissance.

« Je viens vous donner lecture des pièces qui composent ce nouveau dossier de la Banque. Puisse-t-il inspirer à chaque citoyen le sentiment de notre vasselage financier, lequel ne s'endort chez la Banque, — l'expérience l'a prouvé — que lorsque nous nous résignons passivement à notre rôle de vassal !

« Mais il n'en saurait être ainsi, Messieurs. On n'a pas besoin de vous en donner l'assurance, sous le Gouvernement qui a fait à la Banque le procès de la Consolidation. Elle veut, sans doute, prendre sa revanche en nous suscitant sans cesse des embarras de toutes sortes. C'est dans ses moyens et le contraire eût étonné de sa part !

« Le pays, cependant, ne se laissera pas faire. »

Voici comment *Le Moniteur* du 2 août 1905 relate cette mémorable séance :

« Le lundi 31 juillet, à midi, le Cabinet, au complet s'est présenté au Palais du Corps législatif, d'abord à la Chambre des députés, et ensuite au Sénat.

« M. Frédéric Marcelin, secrétaire d'Etat des finances, a exposé, dans un discours fréquemment interrompu par les applaudissements d'un nombreux auditoire, la situation que faisait au pays la violation par la Banque de sa parole et de ses engagements.

« Ensuite, il a donné, tant dans l'une que dans l'autre Chambre, lecture des documents suivants :

BANQUE NATIONALE D'HAITI

Port-au-Prince, le 13 juillet 1905.

Monsieur le Secrétaire d'Etat au département des finances et du commerce, Port-au-Prince.

Monsieur le Secrétaire d'Etat,

J'ai eu l'honneur de prendre connaissance du memorandum du Conseil des Secrétaires d'Etat que vous avez bien voulu me communiquer.

Les termes de ce memorandum, que vous ne manquerez pas de me notifier officiellement au plus tôt, me satisfont pleinement et je remercie le Gouvernement d'avoir pris cette résolution qui met fin dans une certaine mesure à la fausse situation créée par le jugement rendu par le Tribunal civil de Port-au-Prince dans l'affaire Kunhardt and C°.

En retour, je vous donne l'assurance que la Banque continuera, comme par le passé, à vous prêter tout son concours et qu'elle n'apportera, par son fait, aucune entrave à la bonne marche du service public.

Veuillez agréer, Monsieur le Secrétaire d'Etat, les assurances de ma très haute considération.

« CHARLES VAN WIJCK. »

MÉMORANDUM DU 12 JUILLET 1905

Sur la proposition du Secrétaire d'Etat des finances, le Conseil des Secrétaires d'Etat, dans sa séance du 12 juillet 1905, a déclaré :

Qu'en droit et en fait la Banque, en exécution soit d'une décision du Gouvernement, soit d'une loi quelconque, dans l'intérêt, sous les ordres et pour le profit de l'Etat, ne saurait, en aucun cas, être responsable vis-à-vis des tiers ;

Que, si des responsabilités pouvaient en découler, l'Etat seul doit les assumer ;

Que l'affaire Kunhardt and C°, plaidée ces jours derniers et dans laquelle la Banque a été condamnée, entre absolument dans cette catégorie ;

Qu'il serait partant injuste de laisser à la Banque la responsabilité d'un fait d'ordre public et qui n'a profité qu'à l'Etat ;

A décidé, en conséquence, de poursuivre la cassation du jugement Kunhardt and C°, le Gouvernement devant prendre à sa charge toutes les responsabilités d'un acte dont le pays seul a bénéficié.

BANQUE NATIONALE D'HAITI

Port-au-Prince, le 14 juillet 1905.

Monsieur le Secrétaire d'Etat au département des finances et du commerce, Port-au-Prince.

Monsieur le Secrétaire d'Etat,

Nous avons l'honneur de vous remettre sous ce pli la copie d'une lettre que les signataires de la protestation du 30 mai 1905, au sujet de la disposition des fonds provenant des affectations déléguées à la Dette intérieure, ont envoyée à notre siège social.

Nous nous permettons d'attirer tout particulièrement votre attention sur ce fait que les porteurs de titres considèrent que la Banque encaisse le produit des droits affectés en garantie des Dettes de l'Etat haïtien pour le compte des créanciers et non pour celui du Gouvernement.

Vous signaler cette prétention suffit pour

vous faire comprendre jusqu'à quel point les créanciers veulent nous rendre responsables des mesures prises, et nous comptons sur votre haute impartialité, Monsieur le Secrétaire d'Etat, pour que soient prises les décisions nécessaires pour que la responsabilité de la Banque ne puisse être mise en cause quand elle ne fait qu'appliquer les mesures édictées par le Gouvernement.

Veuillez agréer, Monsieur le Secrétaire d'Etat, les assurances de ma très haute considération.

« CHARLES VAN WIJCK. »

SECTION
DES FINANCES

N° 514   *Port-au-Prince, le* 17 *juillet* 1905.

Le Secrétaire d'Etat au département des finances et du commerce au directeur de la Banque Nationale d'Haïti, en son hôtel.

Monsieur le Directeur,

A plusieurs reprises, verbalement et par lettre, je vous ai demandé de me faire une réponse catégorique à mes différentes dépêches vous ordonnant :

1° De passer au crédit du Gouvernement la

différence des droits libérés par la loi du 2 juin 1905 ;

2° De m'envoyer un état des valeurs au crédit de la Commission mixte de réorganisation, état devant être ordonnancé en recettes, conformément à la loi du 9 juillet 1905.

Jusqu'à ce jour, vous ne vous êtes pas exécuté.

Par votre lettre du 14 juillet, en me faisant tenir copie d'une lettre que les signataires de la protestation du 30 mai 1905 ont envoyé à votre siège social, vous ajoutez :

« Vous signaler cette prétention suffit pour vous faire comprendre jusqu'à quel point les créanciers veulent nous rendre responsables des mesures prises, et nous comptons sur votre haute impartialité, Monsieur le Secrétaire d'Etat, pour que soient prises les décisions nécessaires pour que la responsabilité de la Banque ne puisse être mise en cause quand elle ne fait qu'appliquer les mesures édictées par le Gouvernement. »

Je suis, Monsieur le Directeur, tenu de faire exécuter la loi, et je n'ai jusqu'à ce jour que trop toléré votre refus d'obéissance aux lois votées par le Corps législatif.

Une dernière fois, je vous invite, et immédiatement, à me dire quelles sont les mesures qui, selon vous, peuvent mettre la responsabilité de la Banque à couvert « quand elle ne fait qu'appliquer les mesures édictées par le Gouvernement ».

Veuillez agréer, Monsieur le Directeur, les assurances de ma considération distinguée.

F. MARCELIN.

BANQUE NATIONALE D'HAITI

Port-au-Prince, le 17 juillet 1905.

Monsieur le Secrétaire d'Etat au département des finances et du commerce, Port-au-Prince.

Monsieur le Secrétaire d'Etat,

Nous recevons à l'instant votre dépêche de ce jour, au n° 514.

Si, jusqu'ici, nous n'avons pas répondu à vos dépêches 483 et 484 du 10 juillet et 485 du 11 du même mois, ainsi qu'à celle au n° 451 en date du 6 courant, c'est que, au cours des nombreuses entrevues que nous avons eues ensemble, nous avons, dans un commun esprit d'entente, recherché la solution qui puisse donner satisfaction au Gouvernement, tout en sauvegardant la responsabilité de la Banque, notre plus vif désir étant d'aider votre département et de n'apporter, par notre fait, aucune entrave à la bonne marche du service public.

C'est que, en présence du jugement récemment rendu par le Tribunal civil de Port-au-Prince dans l'affaire Kunhardt, notre situation est devenue extrêmement délicate, et nous ne saurions nous entourer de trop de précautions. Ce jugement veut, contrairement à l'esprit et à la lettre de notre contrat de concession et du règlement du service de la trésorerie, que la Banque contrôle le Secrétaire d'Etat des finances, n'exécutant que les instructions de celui-ci qui lui paraissent régulières, sinon elle engage sa responsabilité. Jamais nous n'admettrons une telle interprétation du pacte qui nous lie à l'Etat haïtien. Nous avons loué nos services en vertu d'une convention dont les termes sont nets et précis ; nous n'avons jamais entendu, nous n'entendons pas accepter le rôle de contrôleurs qu'on veut nous imposer. Nous avons toujours soutenu que les instructions du Secrétaire d'Etat des finances, qui, pour nous, représente le Gouvernement de la République, nous couvrent de la façon la plus absolue, tant que, dans l'exécution de ces instructions, on ne pourra relever à notre charge aucun fait frauduleux.

Le Gouvernement haïtien, de son côté, et les Tribunaux de la République jusqu'à ces jours-ci, aussi bien que les Tribunaux français, avaient toujours admis cette façon de voir. Le jugement Kunhardt remet tout en question.

Il y a lieu, dans ces conditions, d'arriver à obtenir une solution qui ne peut, nous semble-t-il, être donnée que par le Gouvernement, d'accord avec le Pouvoir législatif. Que l'on dise, au moyen, par exemple, d'une résolution des deux Chambres promulguée par le Pouvoir exécutif, de manière à ne laisser aucun doute là-dessus, que l'interprétation adoptée jusqu'ici est la seule bonne : que le Gouvernement haïtien, pas plus que la Banque, en signant avec nous le traité du 30 juillet 1880, sanctionné par le décret de l'Assemblée nationale en date du 10 septembre de la même année, n'a jamais entendu nous accorder le contrôle, sous aucune forme, des ordres et instructions du Secrétaire d'Etat des finances, chef hiérarchique de l'administration financière ; que les ordres et instructions de ce haut fonctionnaire sont obligatoires pour la Banque ; que, sur les instructions du Secrétaire d'Etat des finances, les lois votées par le Corps législatif sont exécutoires sans discussion pour la Banque, nonobstant toute opposition ou protestation, sous quelque forme que ce soit ; que la Banque est donc couverte par les ordres ministériels, à moins — cela va sans dire — que, dans leur exécution, il n'existe un concert frauduleux entre le Secrétaire d'Etat et le personnel de la Banque, seul cas où la responsabilité de celle-ci serait aussi engagée ; que cette résolution nous soit officiellement notifiée : alors, nous n'aurons qu'à nous conformer aux ordres impératifs contenus dans vos dépêches des 6 et 10 juillet, la responsabilité résultant de l'exécution de ces ordres incombant au Gouvernement tout seul.

Jusque-là, nous garderons le *statu quo*, respectant les oppositions qui nous ont été signifiées, — tant que la mainlevée ne nous en aura pas été rapportée.

Veuillez agréer, Monsieur le Secrétaire d'Etat, les assurances de notre très haute considération.

« CHARLES VAN WIJCK. »

RESOLUTION

Le Corps législatif,

Vu le rapport du Secrétaire d'Etat des finances et du commerce à la séance de ce jour,

A voté la résolution suivante :

Que le Gouvernement haïtien, en confiant à la Société anonyme dénommée Banque Nationale d'Haïti, par le traité du 30 juillet 1880, sanctionné par le décret de l'Assemblée nationale du 10 septembre 1880, le service de trésorerie de la République n'a jamais pu entendre, ni n'a jamais entendu accorder à cet établissement le contrôle, sous aucune forme, des ordres et instructions émanés du Secrétaire d'Etat des finances, chef hiérarchique de l'administration financière ;

Que les ordres et instructions de ce haut fonctionnaire sont obligatoires pour la Banque ;

Que, sur les instructions du Secrétaire d'Etat des finances et du commerce, les lois votées par le Corps législatif sont exécutoires sans discussion ni atermoiement possible pour la Banque, nonobstant toute opposition ou protestation sous quelque forme que ce soit ;

Que la Banque est donc couverte par les ordres ministériels, à moins que, dans leur exécution, il n'existe un concert frauduleux entre le Secrétaire d'Etat et le personnel de la Banque, auquel cas la responsabilité de celle-ci est aussi engagée.

Donné à la Maison Nationale, au Port-au-Prince, ce jour, 25 juillet 1905, an 102e de l'Indépendance.

Le Président du Sénat,
D. JN. LOUIS.

Les Secrétaires,
E. CINÉAS, R. DAVID.

Donné au Palais de la Chambre des représentants, ce 26 juillet 1905, an 102ᵉ de l'Indépendance.

Le Président de la Chambre,
S. ARCHER.
Les Secrétaires,
M. EVARISTE DUCHEINE, J.-B. LAURENT.

Port-au-Prince, le 27 juillet 1905.

Le Secrétaire d'Etat au département des finances et du commerce au directeur de la Banque Nationale d'Haïti, Port-au-Prince.

Monsieur le Directeur,

La résolution du Corps législatif relative aux lois régulièrement votées et auxquelles la Banque doit se soumettre est insérée au *Journal officiel* du 26 du courant, dont je vous remets ci-inclus un exemplaire.

Cette résolution, que je notifie officiellement à la Banque Nationale, doit être strictement observée.

En conséquence, je vous invite à me faire tenir aujourd'hui même les documents suivants :

1° Un état des sommes recouvrées des condamnés pour être ordonnancées en recettes (loi du 7 juillet 1905, *Moniteur* du 8 juillet, même année) ;

2° Un état des valeurs perçues pour le service courant et provenant de 80 0/0 des droits sur cacao et campêche et la différence entre P. 1.33 1/3 et P. 1.10 sur café (loi du 3 juin 1905, *Moniteur* du 28 juin, même année) ;

3° Un état du produit de la moitié de la surtaxe de 25 0/0 à l'importation affectée au retrait du papier-monnaie.

Veuillez agréer, Monsieur le Directeur, les assurances de ma considération distinguée.

F. MARCELIN.

BANQUE NATIONALE D'HAITI

Port-au-Prince, le 28 juillet 1905.

Monsieur le Secrétaire d'Etat au département des finances et du commerce, Port-au-Prince.

Monsieur le Secrétaire d'Etat,

Nous avons l'honneur de vous accuser réception de votre dépêche n° 561, en date du 27 courant, établie en original et duplicata.

Nous avons donné l'ordre de dresser trois états indiquant les valeurs pouvant être produites par les proportions sur les droits indiquées par votre dépêche, et les sommes recouvrées des condamnés.

Dès qu'ils seront prêts (et nous faisons hâter le travail) nous vous les ferons parvenir ; mais nous nous permettons de vous faire remarquer que ce ne sera qu'à titre purement consultatif.

En effet, nous avons le regret, Monsieur le Secrétaire d'Etat, de différer d'opinion avec vous sur le fond de votre dépêche. Comme la question a déjà été agitée devant Son Excellence le Président d'Haïti, en son Conseil, et en présence de notre Directeur, nous avons l'honneur de vous informer qu'il lui écrit aujourd'hui pour lui exposer les motifs qui le font agir.

Veuillez agréer, Monsieur le Secrétaire d'Etat, les assurances de notre très haute considération.

« CHARLES VAN WIJCK. »

BANQUE NATIONALE D'HAITI

Port-au-Prince, le 28 juillet 1905.

A Son Excellence le général Nord Alexis, Président de la République d'Haïti, en son Conseil.

Monsieur le Président,

J'ai l'honneur de porter à la connaissance de Votre Excellence que j'ai reçu une dépêche au n° 561, section des finances, en date du 27 juillet 1905, émanant de M. le Secrétaire d'Etat au département des finances et du commerce.

Si je prends la liberté d'en référer à votre haute compétence, c'est uniquement parce que la question que je vais vous exposer a déjà été soumise à votre Conseil, moi présent, il y a quelques jours ; je n'ai d'ailleurs pas manqué d'informer le Secrétaire d'Etat des finances de la voie que j'emploie pour lui répondre.

La dépêche susmentionnée, dont vous voudrez bien trouver copie ci-inclus, me remet un exemplaire du *Moniteur*, n° 59, du 26 courant, dans lequel est insérée une résolution du Corps législatif relative à l'obéissance due par la Banque aux ordres et instructions du Secrétaire d'Etat des finances, chef hiérarchique de l'administration financière.

En conséquence de cette résolution, que M. le Secrétaire d'Etat notifie officiellement à la Banque, il m'invite à lui fournir, le jour même, les documents suivants :

« 1° Un état des sommes recouvrées des condamnés, pour être ordonnancées en recettes (loi du 7 juillet 1905, *Moniteur* du 8 juillet, même année) ;

« 2° Un état des valeurs perçues pour le service courant et provenant de 80 0/0 des droits sur cacao et campêche, et la différence entre P. 1.33 1/3 et P. 1.10 sur café (loi du 3 juin 1905, *Moniteur* du 28 juin, même année);

« 3° Un état du produit de la moitié de la surtaxe de 25 0/0 à l'importation, affectée au retrait du papier-monnaie. »

La Banque ne peut évidemment se refuser à fournir au département des finances des états indiquant les valeurs pouvant être produites par les proportions indiquées sur les droits et les sommes recouvrées des condamnés ; mais elle ne peut le faire, en la circonstance, qu'à titre purement consultatif.

Or, le Secrétaire d'Etat des finances nous demande l'état des sommes pour être ordonnancées en recettes.

Nous avons toujours soutenu le principe que les ordres émanés de la secrétairerie d'Etat des finances doivent être exécutés par notre institution, qui ne peut ni les contrôler, ni les discuter, et qui, aux termes de l'article 47 du règlement du service de la trésorerie, ne peut s'immiscer dans l'administration.

C'est encore là notre opinion.

C'était là aussi celle établie par la jurisprudence des Tribunaux haïtiens et étrangers.

Mais le jugement rendu le 7 juillet 1905 dans l'affaire Kunhardt and C°, est venu tout remettre en question.

En effet, il ne peut pas perdre de vue, malgré la délibération du Conseil des Secrétaires d'Etat garantissant la Banque (même au cas où il viendrait à être confirmé) contre les conséquences du jugement dont il vient d'être parlé, elle n'en reste pas moins sous le coup de la condamnation prononcée contre elle, jusqu'à ce qu'une nouvelle décision judiciaire vienne réformer le jugement du Tribunal civil de Port-au-Prince.

Dans ces conditions, notre établissement se voit dans l'obligation de refuser d'obtempérer aux ordres précités, et ce pour ne pas aller au-devant d'une nouvelle condamnation qui pourrait être prononcée contre lui, au cas où, sans une décision judiciaire qui ordonnerait leur mainlevée ou leur nullité, il ne tiendrait aucun compte des oppositions pratiquées entre ces mains par les créanciers du Gouvernement, aussi bien en ce qui concerne les affectations réservées à la Dette publique haïtienne qu'en ce qui a trait aux fonds recouvrés par suite du procès de la Consolidation et accumulés dans ses coffres.

Souffrez, Monsieur le Président, que je me permette d'aller au-devant d'une objection que je vois poindre dans votre esprit.

Vous me direz, j'en suis convaincu, que, le 17 juillet, c'est-à-dire qu'après qu'ait été rendu le jugement Kunhardt and C° et que les oppositions nous aient été signifiées, la Banque a écrit au Secrétaire d'Etat des finances une lettre qui, après avoir résumé les difficultés de la situation, se terminait par une promesse d'exécuter les ordres du département des finances s'ils étaient appuyés sur le vote, par les deux Chambres, d'une résolution promulguée par le Pouvoir exécutif et notifiée à la Banque ; cette décision devait, par sa force légale, ne laisser aucun doute que l'interprétation adoptée jusqu'ici est bonne, contrairement à ce qu'a décidé, à tort, pensons-nous, et en cela d'accord avec votre Gouvernement, le Tribunal civil de Port-au-Prince par le jugement rendu dans l'affaire Kunhardt and C°.

Notre plus ardent désir a toujours été et est toujours d'aider, autant qu'il est en notre pouvoir, le Gouvernement de Votre Excellence et de ne rien faire qui pût contrarier vos vues.

Aussi, est-ce avec la plus absolue bonne foi qu'au cours des nombreuses conférences que nous avons eues avec M. le Secrétaire d'Etat des finances, et prenant en considération les difficultés qu'il prévoyait pouvoir rencontrer devant le Corps législatif, s'il lui soumettait la ratification des moyens de consacrer l'entente existant entre nous, nous avons cherché ensemble un moyen lui permettant de réaliser ses désirs tout en sauvegardant notre responsabilité vis-à-vis du Gouvernement et vis-à-vis des créanciers du Gouvernement.

Nous nous sommes mis d'accord avec lui sur les moyens à employer ; et tout a été fait comme convenu entre nous.

Toutefois, en continuant d'étudier la question avec la plus grande impartialité, en tenant compte des remarques que nous a faites notre siège social, nous avons été amenés à nous rendre compte que le moyen adopté d'accord avec le Secrétaire d'Etat des finances n'était pas celui qui aurait dû être employé.

En effet, pouvions-nous ne pas nous demander quelle serait l'attitude des Tribunaux lorsqu'ils auraient à se prononcer sur les oppositions qui nous ont été signifiées ? Ne se pourrait-il pas que les Tribunaux, s'en tenant à la nouvelle jurisprudence qu'ils viennent de créer, déclarassent que la Banque tiers-saisi n'avait qu'un devoir : celui de respecter les oppositions faites entre ses mains et que, n'en ayant tenu aucun compte, même sur un ordre formel du département des finances, elle n'en demeurât pas moins responsable devant les créanciers saisissants et passible envers eux de dommages-intérêts ?

Certes, nous aurions toujours notre recours contre l'Etat qui, comme nous l'avons démontré plus haut, doit seul être responsable des instructions que passe le chef hiérarchique de l'administration financière du pays. Mais il n'en reste pas moins vrai que, pendant que nous remplirions toutes les formalités légales et judiciaires pour exercer contre l'Etat notre action récursoire et en attendant que fût établie par les Tribunaux la responsabilité de ce dernier (en admettant qu'ils ne nous renvoient pas devant un simple citoyen au lieu de mettre en cause le Gouvernement) et que les résultats de ce recours fussent effectifs, nous n'en resterions pas moins sous le coup de la condamnation et de toutes ses conséquences.

Tel est d'ailleurs l'avis de notre siège social que j'ai eu soin de tenir au courant de la situation ; il considère que le seul moyen pour que le Gouvernement puisse, sans attirer de graves responsabilités tant pour lui que pour notre établissement, disposer des fonds en litige, c'est de faire lever ou annuler les oppositions notifiées à cet égard ; ce qui ne peut être fait que par autorité de justice.

Cette façon de voir découle d'ailleurs de la nouvelle interprétation dont, nous ne pouvons trop le répéter, ni votre Gouvernement, ni moi, ne pouvons reconnaître la justesse.

Veuillez agréer, Monsieur le Président, les assurances de mes sentiments les plus respectueux. CH. VAN WIJCK.

Port-au-Prince, le 29 juillet 1905.

Le Secrétaire d'Etat au département des finances et du commerce au directeur de la Banque Nationale d'Haïti, Port-au-Prince.

Monsieur le Directeur,

Le Conseil me charge de répondre à la lettre que vous avez adressée à Son Excellence le Président d'Haïti, en son Conseil, à la date du 28 juillet courant.

Je ne saurais vous suivre pas à pas dans l'argumentation que vous sassez et ressassez à nouveau, après l'avoir produite plusieurs fois et longuement, à propos du jugement Kunhardt. C'est inutile. Je rappellerai seulement que c'est précisément pour vous donner toute satisfaction que le Gouvernement a pris, en sa séance du 12 juillet, le memorandum que je vous ai signifié le 13 juillet. Ce memorandum vous donnait si grande satisfaction que vous ajoutiez dans votre lettre du même jour la phrase suivante :

« En retour, je vous donne l'assurance que la Banque continuera, comme par le passé, à vous prêter tout son concours et qu'elle n'apportera, par son fait, aucune entrave à la bonne marche du service public. »

Quelques jours plus tard, et à propos des

lois votées par le Corps législatif, vous adressiez le 17 juillet une lettre au Secrétaire d'Etat des finances, dans laquelle vous énumériez les conditions indispensables, selon vous, à l'exécution des lois précitées :

« Il y a lieu, dans ces conditions, d'arriver à obtenir une solution qui ne peut, nous semble-t-il, être donnée que par le Gouvernement d'accord avec le Pouvoir législatif. Que l'on dise, au moyen, par exemple, d'une résolution des deux Chambres, promulguée par le Pouvoir exécutif, de manière à ne laisser aucun doute là-dessus, que l'interprétation adoptée jusqu'ici est la seule bonne ; que le Gouvernement haïtien, pas plus que la Banque, en signant avec nous le traité du 30 juillet 1880, sanctionné par le décret de l'Assemblée nationale en date du 10 septembre de la même année, n'a jamais entendu nous accorder le contrôle, sous aucune forme, des ordres et instructions du Secrétaire d'Etat des finances, chef hiérarchique de l'administration financière ; que les ordres et instructions de ce haut fonctionnaire sont obligatoires pour la Banque ; que, sur les instructions du Secrétaire d'Etat des finances, les lois votées par le Corps législatif sont exécutoires sans discussion pour la Banque, nonobstant toute opposition ou protestation, sous quelque forme que ce soit ;

que la Banque est donc couverte par les ordres ministériels, à moins, cela va sans dire, que, dans leur exécution, il n'existe un concert frauduleux entre le Secrétaire d'Etat et le personnel de la Banque, seul cas où la responsabilité de celle-ci serait aussi engagée ; que cette résolution nous soit notifiée ; alors, nous n'aurons qu'à nous conformer aux ordres impératifs contenus dans vos dépêches des 6 et 10 juillet, la responsabilité résultant de l'exécution de ces ordres incombant au Gouvernement tout seul. »

Le Gouvernement s'empressait de s'adresser aux Chambres pour vous donner toute satisfaction. Il en résultait, le 25 juillet, le vote d'une résolution dont les termes étaient absolument identiques à ceux que vous formuliez dans votre dépêche du 17 même mois. Le Gouvernement était en droit de croire, et tout le monde était en droit de croire toutes les difficultés aplanies entre la Banque et lui.

Le Gouvernement prit donc, tant sur le budget dont l'avenir était désormais assuré que sur les sommes que vous alliez mettre à sa disposition, de gros engagements, et ce en vue aussi bien de notre développement économique que de la sécurité publique que ces atermoiements de la Banque commençaient à mettre en péril.

Votre dépêche du 17 juillet constitue-t-elle un engagement ferme, indéniable sur la foi duquel le Gouvernement et les Chambres étaient en droit de tabler ?

Il ne peut y avoir le moindre doute là-dessus.

Etiez-vous autorisé, oui ou non, par votre siège social à prendre un tel engagement ?

C'est un débat qui ne peut nous intéresser. Il ne regarde que vous et votre siège social. Dans tous ls cas, et quoi qu'il pût en advenir, la Banque devait s'exécuter.

Cependant, il y a mieux.

En faute vis-à-vis du Gouvernement pour avoir manqué sciemment à un engagement formel, engagement qui a nécessité un vote réclamé par vous du Corps législatif, vous n'avez pas hésité une minute à commettre l'acte inqualifiable, impardonnable, sur lequel la nation aura à se prononcer souverainement, d'arrêter le service public : vous avez refusé de payer les moindres sommes tirées sur vous, de payer avant-hier encore la ration de cette semaine ! Ainsi, vous avez manqué à votre parole, vous avez trahi votre signature, vous avez parjuré la foi sur laquelle le Gouvernement avait compté pour s'engager vis-à-vis de tiers, et, au lieu d'avoir une attitude convenable à votre situation, vous le prenez de haut, vous fermez vos caisses ! Nous sommes des pupilles rebelles que vous punissez en leur coupant les vivres !

Vous avez donc oublié ce que vous nous écriviez le 13 juillet, l'assurance que vous me donniez que « la Banque continuera, comme par le passé, à nous prêter tout son concours et qu'elle n'apportera, par son fait, aucune entrave à la bonne marche du service public. »

Mais comment ne pourriez-vous pas oublier cette promesse, puisque, après votre engagement du 17 juillet, engagement qui a motivé, il faut le répéter, l'intervention, sur votre demande, du Corps législatif, vous avez eu le sans-gêne, après avoir écrit cette phrase étonnante de naïveté ou d'autre chose :

« Nous nous sommes mis d'accord avec lui (le Secrétaire d'Etat des finances) sur les moyens à employer ; et tout a été fait comme convenu « entre nous » — d'ajouter que, cependant, vous aviez changé d'avis !...

Il paraît, Monsieur le Directeur, que vous n'avez aucune idée de l'importance de l'engagement que la Banque avait pris avec nous...

Le Conseil me charge de vous signifier qu'il va en appeler à la nation.

Veuillez agréer, Monsieur le Directeur, les assurances de ma considération distinguée.

F. Marcelin.

Le ministre des finances a conclu par la demande d'un vote de confiance au Gouvernement et par le prêt à la caisse publique du million de nickel de la substitution.

Le Corps législatif, unanimement, a voté la loi et l'ordre du jour suivants :

LOI

Le Corps législatif,

Usant de l'initiative que lui accorde l'article 69 de la Constitution ;

Considérant que, durant les mois de la morte-saison, les recettes à l'importation ont diminué sensiblement et qu'il importe cependant d'effectuer les dépenses régulièrement votées par le Corps législatif pour la bonne marche du service public ;

A voté d'urgence la loi suivante :

Art. 1er. — Le Secrétaire d'Etat des finances est autorisé à employer le million de nickel destiné au retrait du papier-monnaie aux dépenses du service public.

Art. 2. — Le remboursement de cette somme de un million sera fait au moyen des recettes à percevoir dans le cours de l'exercice 1905-1906, suivant les disponibilités du Trésor.

Art. 3. — La présente loi abroge toutes lois ou dispositions de loi qui lui sont contraires et sera exécutée à la diligence du Secrétaire d'Etat des finances et du commerce.

Donné à la Chambre des représentants, au Port-au-Prince, le 31 juillet 1905, an 102ᵉ de l'Indépendance.

Le président de la Chambre,
S. ARCHER.
Les Secrétaires,
M. EVARISTE DUCHEINE, J.-B. LAURENT.

Donné à la Maison Nationale, au Port-au-Prince, ce 31 juillet 1905, an 102ᵉ de l'Indépendance.

Le Président du Sénat,
D. JN LOUIS.
Les Secrétaires,
F. CINÉAS, R. DAVID.

Au nom de la République :

Le Président d'Haïti ordonne que la loi ci-dessus du Corps législatif soit revêtue du sceau de la République, imprimée, publiée et exécutée.

Donné au Palais National, à Port-au-Prince, le 31 juillet 1905, an 102ᵉ de l'Indépendance.

NORD ALEXIS.
Par le Président :
Le Secrétaire d'Etat des finances et du commerce,
F. MARCELIN.

ORDRE DU JOUR :

Le Sénat,

Confiant dans le patriotisme et l'énergie du Pouvoir exécutif, l'autorise à prendre les mesures nécessaires et promptes pour l'exécution des lois et pour la sauvegarde du service de la trésorerie suspendu par la Banque Nationale d'Haïti, sous la responsabilité de cette dernière.

Fait à la Maison Nationale, au Port-au-Prince, ce 31 juillet 1905, an 102° de l'Indépendance.

Le Président du Sénat,
D. Jn Louis.

Des mesures immédiates, rapides, furent prises. Le Département des Finances, durant plusieurs jours, resta en permanence. Des télégrammes partirent pour toutes les villes et communes de la République. Dès le 1ᵉʳ août, les avis, dépêches et circulaires suivants furent lancés.

SECRETAIRERIE D'ETAT DES FINANCES

Le service de la trésorerie de la République est confié à Port-au-Prince, au Commissaire du Gouvernement près la Banque Nationale et dans les autres chefs-lieux d'arrondissement financier aux payeurs, sous le contrôle des administrateurs des finances.

Port-au-Prince, le 1ᵉʳ août 1905.

SECTION
DES FINANCES

N° 589. *Port-au-Prince, le 1ᵉʳ août 1905.*

Le Secrétaire d'Etat au département des finances et du commerce au Commissaire du Gouvernement près la Banque Nationale d'Haïti, Port-au-Prince.

Monsieur le Commissaire,

Le Corps législatif, justement indigné de la conduite regrettable de la Banque Nationale, a autorisé le Pouvoir exécutif à prendre toutes les mesures nécessaires pour la pleine et entière exécution des lois, la sauvegarde des intérêts de l'Etat et la bonne marche du service public suspendu par cet établissement de crédit sous sa responsabilité.

Notre service de trésorerie qui lui avait été confié en vue d'en assurer la régularité a été l'objet de sa part de tant de déprédations que la ruine du pays ne tarderait pas à devenir imminente si le Gouvernement ne s'était empressé d'en appeler aux tribunaux. Vous connaissez le résultat de ce procès.

En conformité du vote précité du Corps législatif, le Conseil des Secrétaires d'Etat a décidé de vous confier, à Port-au-Prince, la perception des revenus publics. Vous encaisserez donc pour compte de l'Etat, à partir d'aujourd'hui, le montant des droits généralement quelconques prévus au budget des voies et moyens de l'exercice en cours, suivant mandats dressés par l'administrateur des finances. A la partie versante, vous délivrerez un récépissé qui devra ensuite être présenté audit administrateur pour être visé.

Il doit être apporté dans cette perception un ordre irréprochable et vous ouvrirez un livre pour chaque catégorie de droits ayant une affectation spéciale. Les P. 1.20, 0.33 1/3, 1.10, 0.08, sur le café, 4/8 et 2/8 de la surtaxe de 25 0/0 à l'importation ne doivent pas être confondus, et en aucun cas ne peuvent être employés aux dépenses du service courant, étant destinés exclusivement à la liquidation des deux Dettes extérieures, des obligations bleues et roses, des emprunts unifiés, aux travaux de la nouvelle cathédrale, au retrait du papier-monnaie et enfin au remboursement de l'emprunt de la Convention budgétaire.

Le produit de ces droits sera tenu en dépôt

pour être réparti aux époques déterminées, conformément aux instructions qui vous seront données par mon département.

Vous comprendrez dans un compte spécial les sommes provenant des taxes créées par la loi du 13 août 1903.

Les droits d'importation, de timbre, de fermage, d'enregistrement, etc..., et la portion des droits d'exportation disponibles figureront au crédit d'un compte que vous êtes appelé à ouvrir également. Dans le même compte seront portées au débit les sorties de fonds effectuées d'ordre de mon département pour le service courant.

Chaque jour, vous me ferez tenir un état des sommes perçues, comme il est indiqué ci-dessus, et, le 1er de chaque mois, vous m'adresserez l'état général des recettes et dépenses effectuées durant le mois précédent.

L'archiviste du ministère des finances mettra à votre disposition les registres qui vous seront nécessaires.

D'autres instructions vous seront données ultérieurement en vue d'assurer de plus en plus la bonne marche du travail qui vous est confié.

Accusez-moi réception de la présente et agréez, Monsieur le Commissaire, les assurances de ma considération très distinguée. F. MARCELIN.

SECTION
DES FINANCES

N° 587. Port-au-Prince, le 1ᵉʳ août 1905.

LE SECRÉTAIRE D'ÉTAT
au département des finances et du commerce.

CIRCULAIRE

Aux Payeurs des arrondissements financiers de la République.

Monsieur le Payeur,

Le Corps législatif, justement indigné de la conduite regrettable de la Banque Nationale, a autorisé le Pouvoir exécutif à prendre toutes les mesures nécessaires pour la pleine et entière exécution des lois, la sauvegarde des intérêts de l'Etat et la bonne marche du service public suspendu par cet établissement de crédit sous sa responsabilité.

Notre service de trésorerie qui lui avait été confié en vue d'en assurer la régularité a été l'objet de sa part de tant de déprédations que la ruine du pays ne tarderait pas à devenir imminente, si le Gouvernement ne s'était empressé d'en appeler aux tribunaux. Vous connaissez le résultat de ce procès.

En conformité du vote précité du Corps législatif, le Conseil des Secrétaires d'Etat a décidé de vous confier la perception des revenus publics. Vous encaisserez donc pour compte de l'Etat, à partir d'aujourd'hui, le montant des droits généralement quelconques prévus au budget des voies et moyens de l'exercice en cours, suivant mandats dressés par l'administrateur des finances. A la partie versante, vous délivrerez un récépissé qui doit ensuite être présenté audit administrateur pour être visé.

Il doit être apporté dans cette perception un ordre irréprochable, et vous ouvrirez un livre pour chaque catégorie de droits ayant une affectation spéciale. Les P. 1.20, 0.33 1/3, 1.10, 0.08 sur le café, 4/8 et 2/8 de la surtaxe de 25 0/0 à l'importation ne doivent pas être confondus, et, en aucun cas, ne peuvent être employés aux dépenses du service courant, étant destinés exclusivement à la liquidation des deux Dettes extérieures, des obligations bleues et roses, des emprunts unifiés, aux travaux de la nouvelle cathédrale, au retrait du papier-monnaie et enfin au remboursement de l'emprunt de la Convention budgétaire.

Le produit de ces droits sera tenu en dépôt aux ordres de mon département.

Vous comprendrez dans un compte spécial les sommes provenant des taxes créées par la loi du 13 août 1903.

Les droits d'importation, de timbre, de fermage, d'enregistrement, etc... et la portion des droits d'exportation disponibles figureront au crédit d'un compte que vous êtes appelé à ouvrir également. Dans le même compte seront portées au débit les sorties de fonds effectuées d'ordre de mon département pour le service courant.

Chaque jour, vous me ferez tenir par télégramme un état des sommes perçues, comme il est indiqué ci-dessus, et, chaque semaine, vous m'adresserez l'état général des recettes et dépenses effectuées durant la semaine précédente. Des registres seront mis à votre disposition pour la passation des écritures.

Ce service de Trésorerie qui vous est confié est placé sous le contrôle immédiat de l'administrateur des finances de votre arrondissement.

D'autres instructions vous seront données ultérieurement en vue d'assurer de plus en plus la bonne marche du travail qui vous est confié.

Veuillez agréer, Monsieur le Payeur, les assurances de ma considération distinguée.

F. MARCELIN.

SECTION
DES FINANCES

N° 586. *Port-au-Prince, le 1ᵉʳ août 1905.*

LE SECRÉTAIRE D'ÉTAT
au département des finances et du commerce.

CIRCULAIRE

Aux Administrateurs des finances de la République.

Monsieur l'Administrateur,

Le Corps législatif, justement indigné de la conduite regrettable de la Banque Nationale, a autorisé le Pouvoir exécutif à prendre toutes les mesures nécessaires pour la pleine et entière exécution des lois, la sauvegarde des intérêts de l'Etat et la bonne marche du service public suspendu par cet établissement de crédit sous sa responsabilité.

Notre service de trésorerie qui lui avait été confié en vue d'en assurer la régularité a été l'objet de sa part de tant de déprédations que la ruine du pays ne tarderait pas à devenir imminente, si le Gouvernement ne s'était empressé d'en appeler aux tribunaux. Vous connaissez le résultat de ce procès.

En conformité du vote précité du Corps législatif, le Conseil des Secrétaires d'Etat a décidé de confier au payeur de votre arrondissement la perception des revenus publics. Il encaissera donc pour compte de l'Etat, à partir d'aujourd'hui, le montant des droits généralement quelconques prévus au budget des voies et moyens de l'exercice en cours, suivant mandats dressés par l'administrateur des finances. A la partie versante, il délivrera un récépissé qui vous sera ensuite présenté pour être visé.

Il doit être apporté dans cette perception un ordre irréprochable, et le payeur ouvrira un livre pour chaque catégorie de droits ayant une affectation spéciale. Les P. 1.20, 0.33 1/3, 1.10, 0.08 sur le café, 4/8 et 2/8 de la surtaxe de 25 0/0 à l'importation ne doivent pas être confondus, et, en aucun cas, ne peuvent être employés aux dépenses du service courant, étant destinés exclusivement à la liquidation des deux Dettes extérieures, des obligations bleues et roses, des emprunts unifiés, aux travaux de la nouvelle cathédrale, au retrait du papier-monnaie et enfin au remboursement de l'emprunt de la Convention budgétaire.

Le payeur tiendra le montant des droits perçus aux ordres de mon département, qui en autorisera les répartitions.

Il comprendra dans un compte spécial les sommes provenant des taxes créées par la loi du 13 août 1903.

Les droits d'importation, de timbre, de fermage, d'enregistrement, etc... et la portion des droits d'exportation disponibles figureront au crédit d'un compte qu'il est appelé à ouvrir également. Dans le même compte seront portées au débit les sorties de fonds effectuées d'ordre du département des finances pour le service courant.

Chaque jour, il me fera savoir par télégramme les sommes encaissées comme il est indiqué ci-dessus, et à la fin de chaque semaine, il m'adressera l'état général des recettes et dépenses effectuées durant la semaine précédente. Les télégrammes et états doivent porter votre visa.

Des registres seront mis à la disposition du payeur pour la passation des écritures.

Ce service de trésorerie est placé sous votre contrôle immédiat. Vous en avez toute la responsabilité.

Accusez-moi réception de la présente et recevez, Monsieur l'Administrateur, l'assurance de ma parfaite considération.

F. MARCELIN.

VI

Ce fut un véritable enthousiasme qui d'un bout à l'autre gagna le pays quand on apprit que le service de la Trésorerie avait été enlevé à la Banque Nationale d'Haïti. Je suis certain que cette mesure contribua beaucoup, en dépit des fautes et des erreurs du Gouvernement, à le maintenir au pouvoir jusqu'en 1908. Car cet acte répondait impérieusement au sentiment national. Depuis plus de trente ans ce sentiment-là était dans toutes nos revendications sociales et politiques. J'avais dit aux payeurs dans une circulaire : « Il faut faire votre devoir avec allégresse ». Cette phrase fut une vérité, un mot d'ordre auquel chacun se fit une obligation d'obéir.

Mais dans notre pays, où l'on est toujours si brutal dans la forme, on demeure dans le fond d'une timidité rare... Aussi ce coup d'enlever le service de la Trésorerie à la Banque, le premier moment de surprise passé, — surprise qui avait permis au ministre, par la rapidité de l'exécution, de ne pas laisser aux hésitants et aux intrigants le temps de se reconnaître, — ce premier moment passé, s'appliqua-t-on à le discuter. Dans l'entourage on s'ingénia à troubler l'esprit du Président, à lui montrer la France, prenant en main la cause de la Banque, envoyant des cuirassés à Port-au-Prince, exigeant tout au moins une énorme indemnité... Ce qu'on avait dit au chef de l'État à propos de la réduction des intérêts de la Dette Intérieure, à savoir que l'étranger interviendrait, on le lui redit encore. Et j'entendis un matin, au balcon de la Présidence, deux des voix les plus autorisées à l'époque, et qui avaient une grande influence en ces matières sur l'esprit du Président, condamner, en termes absolus, l'acte ; car, ajoutaient-ils, les suites qu'il comportait se chiffreraient à plusieurs millions de dommages-intérêts contre l'État. Je ne répliquai pas. Ce n'était pas la peine de discuter, puisque la chose était faite. Il fallait laisser au temps le soin de prouver combien ces craintes étaient chimériques; cependant, le général Nord était parfois ébranlé. Il avait été séduit, le premier jour, d'enlever à la Banque le service de la Trésorerie, car il avait toujours considéré ce service comme un vasselage, une atteinte à l'autonomie nationale. Il avait fermement marché avec son ministre. Il avait ordonné, dans un mouvement d'enthousiasme, que le cabinet tout entier se rendrait avec lui le 31 juillet au Corps législatif pour dénoncer la conduite de la Banque. Et si quelqu'un — ce jour-là — eût tenté d'insinuer que c'était là une affaire purement financière dans laquelle j'étais seul en cause, il eût été fort mal reçu... Mais aujourd'hui qu'on venait lui dire que le ministre avait été trop loin, qu'on n'avait pas le droit de procéder ainsi, que des réclamations, appuyées par le canon étranger, allaient fatalement se produire, il commençait à être ébranlé... Il n'y avait pour moi qu'un parti à prendre, c'était d'organiser définitivement, et rapidement, le nouveau service sans perdre une minute. C'est ce parti que j'adoptai et poursuivis sans relâche.

Les 3, 18, 24 août et le 11 septembre, je lui adressai les dépêches suivantes :

Port-au-Prince, 3 août 1905.

Monsieur le Président,

Ainsi que j'ai eu l'honneur de l'écrire hier à Votre Excellence, toutes les mesures ont été prises pour que notre service de Trésorerie puisse fonctionner régulièrement, en vertu du vote émis par les Chambres.

Cependant, ces mesures ne peuvent être et ne sont, en fait, que provisoires.

Pour consacrer définitivement le nouvel état de choses, il est nécessaire d'aviser, au plus tôt, à l'établissement d'une organisation complète, qui donne satisfaction et garantie aux intérêts en jeu.

Cette organisation ne peut être obtenue que

par la création, à Port-au-Prince, d'une DIRECTION CENTRALE DE LA RECETTE ET DE LA DÉPENSE.

Cette direction aura les mêmes attributions et règlements, renforcés et modifiés que ceux de l'ancienne Banque Nationale d'Haïti. Cependant, elles devront être élargies dans le sens le plus efficace à un contrôle rigoureux et complet de manutention des deniers publics.

Le Directeur de la recette et de la dépense recevra 400 dollars, mensuellement, d'appointements.

Tous les employés ou agents, dans la République, seront Haïtiens et suffisamment rétribués.

Le Directeur de la Recette devra exercer, par les pièces qu'il reçoit journellement, la plus stricte surveillance sur le rendement des douanes. A cet effet, il adressera toutes observations au Département des finances et du commerce.

Il n'est pas besoin d'énumérer ici les attributions qui pourront lui être départies. Il suffit de dire qu'elles devront être conçues dans un sens très large et très étendu pour le bien général des recettes et des dépenses de l'Etat.

Il me semble que, même en poursuivant la création d'une nouvelle institution de crédit, l'Etat doit laisser — en l'entourant, bien entendu, de toutes les garanties nécessaires — son service de trésorerie aux Haïtiens.

Guidé uniquement par l'intérêt du pays et par mon désir de répondre à l'attente du Gouvernement, je propose pour la DIRECTION CENTRALE DE LA RECETTE ET DE LA DÉPENSE M. X...

Je prie Votre Excellence d'agréer l'hommage de mon entier dévouement.

F. MARCELIN.

Port-au-Prince, le 18 août 1905.

Monsieur le Président,

J'ai l'honneur de placer sous les yeux de Votre Excellence copie du rapport que j'ai soumis hier au Conseil des secrétaires d'Etat et qui a eu son approbation.

Pour le contrôle des nouveaux bureaux de trésorerie, je propose à l'agrément de Votre Excellence les citoyens XXX... Il est urgent qu'ils soient délégués à cette fin sans aucun retard, de manière qu'ils puissent se transporter dans les chefs-lieux d'arrondissement qui leur seront désignés, se mettre immédiatement au travail et rendre compte au Gouvernement de la marche des bureaux de trésorerie, afin que des abus, s'il y en a, soient réprimés et que des mesures soient prises pour en empêcher le retour.

Je serai heureux que Votre Excellence

nomme le plus tôt possible aux différents emplois adoptés par le Conseil en vue de faciliter les services des payeurs et permettre à ces derniers de remplir convenablement la nouvelle tâche qui leur a été confiée.

Je ne lui propose aucun candidat, mais je laisse ces nominations à son choix, à moins qu'elle n'en décide autrement. Cependant, MM. XXX... demandent à être appelés comme percepteurs. Je ne crois pas inutile d'en faire part à Votre Excellence.

La formation du bureau de Port-au-Prince, destiné à centraliser les recettes et les paiements, s'impose tout aussi bien.

Le personnel sera formé d'un chef de bureau, de deux percepteurs, de six comptables, de dix employés de différents ordres, et d'un hoqueton.

Je prie Votre Excellence de prendre en considération tout ce qui fait l'objet de la présente dépêche, dans l'intérêt du service public, et ce sera avec empressement que je recevrai toutes communications qu'elle jugera à propos de me faire dans la circonstance.

Daignez agréer, Monsieur le Président, l'hommage de mon profond respect et de mon entier dévouement.

F. Marcelin.

Port-au-Prince, le 24 août 1905.

Monsieur le Président,

Vous me permettrez d'insister encore sur l'opportunité qu'il y a d'organiser définitivement le service de la trésorerie, tant dans les autres villes de la République qu'à la capitale. Il est urgent que le département prenne les mesures les plus promptes et qu'il a eu déjà l'honneur de soumettre à la haute appréciation de Votre Excellence. Car j'estime que, si ce service ne s'organisait pas, l'échec ne serait pas seulement pour moi, mais encore pour la nation que, témérairement, des esprits pervers pourraient croire inapte à gérer ses propres finances.

Je persiste à croire le contraire.

Dans cette vue, je soumets à Votre Excellence, aux noms précédemment cités, ceux de MM...

Daignez agréer, Président, l'hommage de mon profond respect et de mon entier dévouement.

F. Marcelin.

Port-au-Prince, le 11 septembre 1905.

Monsieur le Président,

J'ose respectueusement rappeler à Votre Excellence mes précédentes dépêches sur l'urgence qu'il y a pour le service de la trésorerie, tel qu'il ressort du vote du Corps législatif, d'être régulièrement et promptement établi.

Cette urgence s'appuie sur deux motifs qui, quoique d'ordre différent, sont tous deux d'égale puissance. En effet, il y va de l'intérêt primordial de l'Etat, au moment où la récolte commence, de ne pas laisser le service de la recette dans la situation provisoire où il se trouve : c'est le motif d'ordre matériel.

L'autre motif est d'ordre moral. Il n'est pas moins important. Et il tire son impérieuse obligation de la nécessité où nous sommes de démontrer que nous pouvons établir par nous-mêmes, sans le secours de l'étranger, — qui, du reste, a été ce que l'on sait — notre service de Trésorerie sur de bonnes bases.

Au surplus, de toute façon, j'estime que de grands avantages peuvent résulter pour le pays de cette gestion immédiate de nos finances. Au premier rang de ces avantages, je place la possibilité pour nos concitoyens de trouver quelques emplois honorables dans lesquels ils gagneront leur vie. Je place ensuite la certitude que nous aurons désormais, grâce à la pratique, de constituer dans l'avenir, pour notre comptabilité publique et pour la direction de nos douanes et de nos administrations, de précieux et utiles auxiliaires. En l'espèce, le service de notre Trésorerie, monopolisé par les employés étrangers de la Banque, nous a enlevé la possibilité de créer une semblable pépinière.

On pourra peut-être, pour hésiter à organiser le service de la trésorerie, poser cette objection : « Et si on s'entendait demain avec la Banque ? Ce serait de l'argent gaspillé. »

Je réponds que ce ne serait pas de l'argent gaspillé. Car il est de toute évidence que le meilleur moyen encore d'obtenir, pour ceux qui le souhaitent, un arrangement avec la Banque, c'est d'organiser promptement le nouveau service, et dans de bonnes conditions.

Vous êtes un trop habile guerrier, Président, et trop rompu aux choses de la tactique, pour que je me permette de vous rappeler l'adage connu, et qu'il faut appliquer ici, dans notre politique financière : *Si vis pacem para bellum.*

En vue donc de réaliser cette pensée de l'organisation définitive de notre trésorerie, j'ai passé, samedi dernier, à tous les administrateurs de la République la circulaire dont je prie Votre Excellence de trouver sous ce pli la copie. Aussitôt que leurs réponses arriveront, j'aurai l'honneur de vous les transmettre, et j'ai le ferme espoir que, dès cette semaine, les titulaires aux différents postes, déjà arrêtés en Conseil des Secrétaires d'Etat, seront désignés.

En ce qui concerne Port-au-Prince, il est temps que cette direction centrale de la recette et de la dépense, dont je parlais dans ma dépêche du 3 août à Votre Excellence, fonctionne. Ce qui existe actuellement au commissariat de la Banque n'est qu'un provisoire qui n'a que trop duré. Si M. Lafontant veut de la direction du nouveau service, il faut qu'un commissaire près la Banque soit immédiatement nommé à sa place, afin que le public constate que les services sont séparés et que ce que nous entendons fonder n'est pas une simple attente.

D'un autre côté, cette direction de la recette et de la dépense ne peut se trouver dans le même local que celui du commissariat de la Banque. Le rez-de-chaussée de l'administration des finances convient sous tous les rapports à ce service. On pourrait caser, à quelques pas, dans une autre *halle*, les deux bureaux qui sont actuellement au bas de l'administration : ce serait une médiocre dépense.

Il est de toute urgence aussi que Votre Excellence nomme les cinq délégués des douanes et des finances qu'a prévus la nouvelle loi qui, sans doute, sera promulguée cette semaine. J'ai donc l'honneur, Président, de proposer à votre agrément les noms suivants : Eugène Pouilh, Granville fils, Pauléus Sanon, J.-R. Chenet, Tertulien Duchatellier.

En remplacement de M. Granville, je propose à Votre Excellence M. Justin Boisette pour être chef du service du contrôle des opérations des douanes de la République.

Dans l'espoir que ce rapport aura votre haute appréciation, je prie Votre Excellence d'agréer mes hommages respectueux et l'assurance de tout mon dévouement.

F. MARCELIN.

Tandis que je chauffais ainsi la machine qui ne me semblait guère avancer, ce qui me tenait l'esprit dans une perpétuelle appréhension de reculade, je poursuivais ma correspondance ordinaire avec le Président.

Voici les dépêches dans l'ordre de leurs dates :

Port-au-Prince, le 12 août 1905.

Monsieur le Président,

M. le commissaire du Gouvernement près la Banque vient, par M. Viau, de mettre sous mes yeux un effet de $ 1,500 qu'il a payé en dehors de mes ordres.

Je prends la liberté de déclarer à Votre Excellence que, si le fait, que je veux bien croire inexistant jusqu'à cette heure, est réel, il serait la plus complète violation des principes de la plus élémentaire comptabilité.

Je ne saurais le tolérer ni pour ma responsabilité, ni pour la bonne marche des affaires publiques, ni pour le bon renom du Gouvernement de Votre Excellence, surtout dans la période délicate que nous traversons.

Il importe donc que la haute autorité de Votre Excellence intervienne.

Il faut que le commissaire du Gouvernement soit, d'ores et déjà, averti qu'il ne doit, sous aucun prétexte, payer aucune somme en dehors de ma signature qui, seule, doit le couvrir.

Que Votre Excellence daigne agréer l'hommage de mon respectueux dévouement.

F. MARCELIN.

Port-au-Prince, le 16 août 1905.

Monsieur le Président,

Je suis forcé de rendre compte à Votre Excellence que, jusqu'à ce jour, des lois importantes déposées devant les Chambres par le département des finances ne sont pas même examinées.

Je citerai entre autres les lois sur les réclamations étrangères, sur le bureau central du Timbre, sur les duplicata des titres de la Dette intérieure, etc.

La loi sur les douanes a été votée dernièrement en comité, mais elle n'est pas encore à l'ordre du jour de la Chambre.

Cependant, ce qui est excessivement grave, c'est que les crédits supplémentaires pour l'exercice 1904-1905 déposés depuis très longtemps par le département n'ont pas même été l'objet de l'examen du comité des finances. Et la session tire à sa fin.

Je crois devoir rappeler à Votre Excellence que rien n'est plus important que le vote de ces crédits pour la bonne marche des affaires publiques et pour la sécurité de l'Etat.

Tous mes collègues sont intéressés à l'obtention de ces crédits, ceux de l'intérieur et de la guerre principalement.

On allait s'occuper de l'examen des crédits

supplémentaires au comité des finances, et tous les députés réclamaient même cet examen, quand personne n'en a plus parlé et n'en parle plus.

Mon collègue de l'intérieur pourrait peut-être fournir des explications là-dessus à Votre Excellence.

Mais le danger est là et il est très grave : un Gouvernement ne doit pas négliger, ni hésiter à faire régulariser des dépenses faites en vue du service public. C'est de son intérêt et de l'intérêt de tout le monde.

Votre Excellence trouvera donc urgent que, pour mettre ma responsabilité à couvert, et pour rappeler à mes collègues combien tous nos efforts doivent tendre à cette régularisation des dépenses faites et à faire, je suspende dès ce jour tout paiement en dehors des fonds prévus au budget de l'exercice 1904-1905.

Daignez agréer, Monsieur le Président, l'hommage de mon profond respect et de mon entier dévouement.

F. MARCELIN.

Port-au-Prince, le 21 août 1905.

Monsieur le Président,

J'ai eu l'honneur, dans une de ses séances précédentes, de donner lecture, au Conseil des

Secrétaires d'Etat, présidé par Votre Excellence, du projet de loi sur la comptabilité publique, déposé entre mes mains par la Commission mixte de réoganisation administrative et financière, projet dont, du reste, un exemplaire vous a été remis directement.

Ce projet de loi, qui est le troisième et dernier point que vous avez tracé aux travaux de la Commission par votre dépêche du 30 décembre 1904 au Secrétaire d'Etat des finances, clôt et complète les travaux de ladite Commission.

Je demande s'il plaît à Votre Excellence que ce projet de loi soit soumis à votre signature pour être présenté aux Chambres.

J'opine dans ce sens.

Que Votre Excellence daigne accepter l'hommage de mon profond respect.

F. MARCELIN.

Port-au-Prince, le 26 septembre 1905.

Monsieur le Président,

Je viens de recevoir un reçu de mon collègue de l'intérieur de 1,200 dollars pour dépenses extraordinaires.

Ainsi que j'ai eu l'honneur de vous en entretenir à la date du 22 courant, j'avais prié tous mes collègues de régulariser, au moyen d'ordonnances de dépenses, les valeurs payées sur reçus pour leurs départements respectifs.

Jusqu'à ce jour, je n'ai encore rien reçu.

Je ne puis continuer à faire des sorties de fonds sur reçus dans de semblables conditions : la régularité du service m'oblige à tenir fermement la main pour que tous les reçus qui sont en mon département soient ordonnancés avant de nouvelles sorties de fonds.

Je porte donc à la connaissance de Votre Excellence que j'ai eu le regret de ne pas payer le reçu présenté ce matin par mon collègue de l'intérieur.

Daignez agréer, Monsieur le Président, l'hommage de mon profond respect.

F. MARCELIN.

A cette dernière dépêche du 26 septembre, le Président fit cette réponse :

Port-au-Prince, le 30 septembre 1905.
NORD ALEXIS
Président de la République.

Au Secrétaire d'Etat des finances
et du commerce.

Monsieur le Secrétaire d'Etat,

Je vous accuse réception de votre dépêche

du 26 septembre courant, n° 30, dont le contenu a eu ma meilleure attention.

Vous m'apprenez que vous avez eu le regret de ne pas payer le reçu de 1,200 dollars qui vous a été présenté par votre collègue de l'intérieur, la régularité du service exigeant, avant que soient faites de nouvelles sorties de fonds, que toutes les valeurs payées sur reçus, pour compte des différents départements ministériels, soient ordonnancées en dépenses.

Il est peut-être nécessaire que je vous fasse remarquer, Monsieur le Secrétaire d'Etat, que le paiement des 1,200 dollars réclamé de votre département n'est destiné qu'à me couvrir des avances que j'ai eu à faire pour le service public. Cette dépense n'a rien qui ne soit justifié et je m'explique d'autant moins votre refus de l'autoriser que je n'ai moi-même, lorsqu'une dépense publique me paraît urgente et que l'Etat ne peut y faire face, jamais hésité à l'acquitter au moyen de mes propres fonds.

Recevez, Monsieur le Secrétaire d'Etat, l'assurance de ma considération distinguée.

NORD ALEXIS.

On remarque déjà dans le ton de cette réponse que le Président commence à supporter impatiemment ce rappel incessant aux règlements, tant à mes collègues qu'à lui-même. Je sentais, à certains signes, que quelques-unes de mes dépêches étaient commentées défavorablement et sans doute taxées d'irrévérencieuses. Or, le 30 septembre, je lui adressai la suivante :

Port-au-Prince, le 30 septembre 1905.

A Son Excellence le Président
    de la République.

Monsieur le Président,

Le payeur des travaux publics vient de me remettre deux reçus de ce département sur l'exercice en cours, s'élevant ensemble à 1,500 gourdes.

Je les ai retournés audit département, d'accord avec vous, qu'aucune sortie de fonds ne doit désormais s'effectuer sur reçus à régulariser.

Un aide de camp de Votre Excellence vient de me les rapporter pour avoir un ordre de paiement.

Je rappelle respectueusement à Votre Excellence qu'il est impossible d'avoir aucune régularité dans l'administration publique si on ne doit pas rompre définitivement avec le système des paiements sur reçus à régulariser.

Je vais déférer à l'invitation que vous me fates. Mais j'espère que désormais aucun de mes collègues ne me présentera des reçus à régulariser, les règlements s'y opposant d'une façon catégorique.

Daignez agréer, Monsieur le Président, l'hommage respectueux de votre serviteur.

F. MARCELIN.

Il parut, cette fois, que c'en était trop. Le vase déborda.

J'arrivai le lendemain, à l'heure accoutumée, vers les dix heures du matin, au Palais. Le Président ne se trouvait pas au balcon, selon sa coutume de s'y tenir à cette partie de la journée. Je sentis une certaine gêne parmi les personnes qui étaient là, attendant, et au courant, sans doute, de l'exécution promise. Je parle au figuré, bien entendu. Quelques minutes après, le général sortit de la salle à manger, à l'autre extrémité, très jeune, très droit, *bobuciant* légèrement dans son habitude de vieillard soigneux et coquet. Cependant la colère brillait derrière les cercles d'or de ses lunettes. Je voyais cela très distinctement, sans savoir sur qui ou sur quoi elle allait tomber. Il avait tant d'objets qui pouvaient le contrarier, depuis les plus grandes affaires de l'Etat jusqu'au vol ou à la disparition d'une vache, d'un cheval, d'un cabri sur une de ses nombreuses exploitations rurales ! Car il s'occupait de tout, il donnait l'attention la plus soutenue aussi bien aux comptes des recettes des douanes de la République qu'à ceux de ses fermiers lui faisant rapport des barils de maïs, de riz ou de petit mil récoltés. Cette activité cérébrale, non maniaque et tatillonne, je vous assure, mais bien équilibrée, m'avait toujours vivement intéressé. Je m'apprêtais à en avoir le spectacle une fois encore, quand me regardant, il cria à son secrétaire :

— Apportez-moi la lettre du ministre des Finances,

Et quand on l'apporta :

— Lisez-la, dit-il au secrétaire.

Et quand on la lui eut lue :

— Il paraît, monsieur, me dit-il, que vous m'avez révoqué ! Je ne suis plus Président d'Haïti ?

Mais déjà je savais à quoi m'en tenir et je me mettais au niveau de la situation.

— Comment cela, Excellence ? répondis-je en riant. Votre temps ne finit que le 15 mai 1909... Et vous parlez de révocation ! Qui oserait y songer ? Il n'y aurait que vous qui pourriez donner votre démission. Vous ne pensez pas à nous faire cette peine ?

— Monsieur, on n'écrit pas ainsi à un chef d'État...

— Non, quand le chef d'État ne s'appelle pas le général Nord Alexis, mais quand il s'appelle Nord Alexis on doit lui écrire ainsi. Car il a recommandé à son ministre de rétablir l'ordre, la régularité dans la comptabilité publique et le ministre ne fait qu'obéir à ses instructions.

— Ça c'est vrai, je vous ai toujours dit cela...

Mais déjà, au ton que prenait l'entretien, ceux qui attendaient l'*exécution*, déconfits, tournaient les talons, haussant les épaules...

Cependant mes efforts, pour établir sérieusement le nouveau service de la Trésorerie, aboutissaient. D'accord avec moi, M. J. Catts Pressoir m'écrivait la lettre suivante :

Port-au-Prince, le 18 septembre 1905.

A Monsieur le Secrétaire d'Etat des finances et du commerce.

Monsieur le Secrétaire d'Etat,

Vous m'avez fait l'honneur de me proposer de me recommander à Son Excellence le Président de la République, pour organiser et diriger le nouveau service de la recette et de la dépense que vous allez établir. Je suis très sensible à cette marque de confiance et ferai tous mes efforts pour la justifier, si Son Excellence me nomme à cette charge.

J'ai eu l'honneur de vous dire les bases qu'il me semble indispensable de poser pour assurer la bonne organisation du service. Permettez-moi de les rappeler ici :

1° Vu la nature du travail, il importe qu'il soit accordé au directeur principal de proposer à Son Excellence les principaux membres du personnel.

2° Le service nouveau remplissant le même office que la Banque Nationale d'Haïti, comme d'autres lois n'ont pas été votées pour son fonctionnement ni d'autres arrêtés pris à cet égard, le règlement sur le service de la trésorerie est la base de la nouvelle organisation.

Je vous rappelle tout particulièrement les articles suivants :

Art. 45. — Le Secrétaire d'Etat des finances est le seul à émettre des mandats sur la Banque.

Art. 32. — Le Secrétaire d'Etat des finances ne peut, sous sa responsabilité, excéder les crédits législatifs.

Art. 48. — La Banque ne pourra aucunement s'immiscer dans l'administration. Elle n'aura le droit de suspendre le paiement assigné sur sa caisse... Dans le cas où le refus de paiement procéderait de ce qu'il n'y a pas de crédit budgétaire disponible chez elle, la Banque, pour passer outre, devra exiger un arrêté du Président de la République rendu en Conseil des Secrétaires d'Etat.

Art. 52. — Selon cet article, le service des dépenses étant centralisé à la capitale, le Secrétaire d'Etat ne fait pas de tirages directs sur les directeurs de la province, mais remet ses ordres au directeur principal à Port-au-Prince, pour être échangés contre des chèques.

Art. 58 à 61. — Ces articles se rapportent aux dépenses non soldées en cours d'exercice et à la façon de les liquider et régler. Ainsi, à partir d'octobre 1905, le règlement n'admet pas d'acquitter sur les fonds de l'exercice 1905-1906 des créances antérieures à l'exercice 1904-1905.

3° Il est nécessaire que le personnel du service soit payé régulièrement, à date fixe, le 5 de chaque mois.

Pour ce qui concerne l'organisation et la marche du service, vous m'avez entretenu de la façon dont vous désirez établir le service ; les détails seraient réglés sans retard, afin que tout soit prêt avant le 1er octobre pour les opérations du nouvel exercice.

Je vous prie, Monsieur le Secrétaire d'Etat, de présenter à Son Excellence le Président ces propositions. Si Son Excellence y agrée, je serai heureux d'entreprendre pour le service de son gouvernement la tâche qui m'est proposée, désirant de l'accomplir à sa satisfaction et à celle du pays.

Je n'ai pas besoin de vous dire qu'au cas où un accord surviendrait entre le Gouvernement et la Banque, je me recommande à la bienveillance de Son Excellence pour me procurer un autre emploi.

Dans l'attente de votre réponse, je vous présente, Monsieur le Secrétaire d'Etat, mes salutations empressées.

J. CUARTISGROS.

La lettre lue immédiatement au Président, en conseil des secrétaires d'État, M. J. Catts Pressoir fut nommé directeur de la Recette générale, — mais tout n'était pas fini. Le 23 courant j'étais forcé d'adresser cette nouvelle dépêche au Président de la République.

Port-au-Prince, le 23 septembre 1905.

Monsieur le Président,

Je prends la liberté d'appeler votre attention sur l'opportunité qu'il y a de délivrer aujourd'hui même les lettres de service pour la nouvelle trésorerie aux titulaires que vous avez désignés depuis déjà trois jours.

Nous sommes au 23 septembre. Dans moins

d'une semaine, l'exercice commence. Si le nouveau service n'est pas établi dès lundi, le département sera très embarrassé. Les mesures hâtives qu'il prendra, les communications tardives qu'il passera forcément aux administrations et aux payeurs amèneront inévitablement un fâcheux désarroi dans des rouages qui ne sont pas encore suffisamment préparés.

Il convient d'avoir quelques jours devant soi pour obvier à ce danger.

C'est dans ce but que je supplie Votre Excellence de vouloir bien me faire parvenir les lettres de service du nouveau personnel.

Daignez agréer, Monsieur le Président, l'hommage de mon respectueux dévouement.

F. Marcelin.

Enfin le 25 septembre, le service commençant à fonctionner, j'adressai cette circulaire aux administrateurs des finances.

Port-au-Prince, le 25 septembre 1905.

Monsieur l'Administrateur,

Je vous informe que le Gouvernement vient de former à la capitale un bureau central de la recette et de la dépense. Ce bureau, qui est appelé à faire le service de la trésorerie en lieu et place de la Banque Nationale, sera installé cette semaine et fonctionnera à partir du 1er octobre prochain sous la direction de M. J.-C. Pressoir.

Il n'y a rien de changé dans le règlement pour le service de la trésorerie, dont les dispositions formelles doivent être strictement exécutées, avec cette seule différence que les encaissements seront opérés à Port-au-Prince par le bureau central et dans les autres chefs-lieux d'arrondissements par les payeurs, en attendant la nomination des percepteurs et la formation des bureaux définitifs de trésorerie.

La portion des droits dont l'encaissement est confié aux payeurs continuera à être effectuée suivant mandats dressés par votre administration, et ces fonctionnaires en rendront compte au directeur du bureau central de la recette et de la dépense duquel ils relèvent pour tout ce qui a trait au service de la trésorerie, à compter du 1er octobre 1905.

Les instructions contenues dans des précédentes dépêches-circulaires scrupuleusement observées continueront à assurer la marche régulière de ce nouveau service.

Aux termes de l'article 58 dudit règlement, « toutes les dépenses d'une année administrative doivent être liquidées et ordonnancées dans les trois mois qui suivent l'expiration de cette année ». Les prescriptions de cet article auront leur plein et entier effet. Je prendrai toutes les mesures nécessaires pour la liquidation de la comptabilité de l'exercice en cours.

Toutes les recettes recouvrées dans votre arrondissement après le 30 septembre 1905 par l'exercice 1904-1905 seront acheminées à mon département, qui les enverra au commissaire du Gouvernement près la Banque, et à la capitale ce fonctionnaire fera les encaissements et acquittera les dépenses publiques du même exercice en conformité de mes ordres. Au 30 septembre courant, le relevé des recettes à recouvrer et celui des dépenses impayées seront dressés par votre administration et remis à mon département, pour qu'il en soit fait ce que de droit.

Les livres resteront ouverts pour la passation des écritures de toutes les opérations de trésorerie jusqu'au 31 décembre 1905 et seront définitivement fermés à cette date.

Pour l'exercice 1905-1906, de nouveaux livres seront ouverts, et il est bien entendu qu'en aucun cas et sous aucun prétexte les recettes des deux exercices ne pourront être confondues. S'il en était autrement, je vous rendrais personnellement responsable de toutes les conséquences de cette irrégularité.

C'est donc au bureau central de la recette et

de la dépense que vous aurez à rendre compte des recettes effectuées, à partir du 1ᵉʳ octobre 1905, pour le nouvel exercice 1905-1906. Le directeur de ce bureau vous enverra, ainsi qu'au payeur de votre arrondissement, d'autres instructions, en vue de faciliter votre tâche et celle qui lui est confiée.

Veuillez agréer, Monsieur l'Administrateur, les assurances de ma considération distinguée.

F. MARCELIN.

Cependant, tout n'était pas dit, témoin cette dépêche que je fus encore forcé d'adresser au Président de la République :

Port-au-Prince, le 13 novembre 1905.

Monsieur le Président,

Votre Excellence voudra bien me permettre d'attirer son attention sur les dépêches que je lui ai adressées relativement au nouveau service de la trésorerie, notamment sur la nécessité absolue de former définitivement le personnel des bureaux de trésorerie dans les provinces. Voici le relevé de ces dépêches :

Dépêche du 2 août 1905, au n° 61 ;
Dépêche du 3 août 1905, au n° 62 ;
Dépêche du 16 août 1905, au n° 77 ;

Dépêche du 18 août 1905, au n° 79 ;
Dépêche du 21 août 1905, au n° 81 ;
Dépêche du 24 août 1905, au n° 84 ;
Dépêche du 28 août 1905, au n° 89 ;
Dépêche du 11 septembre 1905, au n° 93 ;
Dépêche du 18 septembre 1905, au n° 100 ;
Dépêche du 18 septembre 1905, au n° 101 ;
Dépêche du 23 septembre 1905, au n° 108 ;
Dépêche du 25 septembre 1905, au n° 112 ;
Dépêche du 28 septembre 1905, au n° 118 ;
Dépêche du 3 octobre 1905, au n° 122 ;
Dépêche du 9 octobre 1905, au n° 125 ;
Dépêche du 17 octobre 1905, au n° 129 ;
Dépêche du 26 octobre 1905, au n° 132 ;
Dépêche du 6 novembre 1905, au n° 141 ;
Dépêche du 6 novembre 1905, au n° 143.

Le seul service de perception absorbe tout le temps des payeurs, et ils ne peuvent, malgré toute leur bonne volonté, envoyer à mon département et au bureau central de la recette et de la dépense les extraits de leurs livres de caisse pour le contrôle de leurs opérations. Il est bien prouvé qu'ils ne suffisent pas à cette besogne, alors qu'ils sont obligés de remplir les devoirs qui leur sont imposés comme chefs des bureaux du paiement.

C'est ainsi que le payeur de l'arrondissement de Jacmel se trouve dans l'impossibilité de pouvoir fournir d'une manière précise la situation de la caisse du timbre. Des demandes de papiers timbrés sont adressées par ledit payeur au directeur du bureau central du timbre, quand d'après l'état de ce dernier envoyé à mon département, il existe à Jacmel plus de 11,000 gourdes de papiers timbrés. La même situation peut exister un peu partout ; et, si ce surcroît de travail confié aux payeurs devait toujours continuer, il pourrait bien se produire des déficits très regrettables au détriment de l'Etat. Des administrateurs m'ont écrit à ce sujet en cherchant à décliner de ce chef toutes les responsabilités qui pourraient advenir d'une négligence ou d'un manque d'attention produit par la multiplicité des services faits par un personnel insuffisant.

Si Votre Excellence n'apporte pas à cet état de choses le remède nécessaire, un grave danger pourra en résulter pour le fisc.

J'ai autorisé le directeur de la recette et de la dépense à répartir la somme de 650 gourdes entre les différents payeurs pour la prompte expédition de leur comptabilité. Je me demande, en procédant ainsi, si j'obtiendrai un bon résultat, puisqu'il est établi que les payeurs ne suffisent pas à la bonne marche du triple service de la perception, du paiement et de la comptabilité.

C'est pourquoi je me vois obligé d'insister auprès de Votre Excellence pour l'installation définitive des nouveaux bureaux de trésorerie. Je suis convaincu qu'elle ne manquera pas de tenir compte de mes justes appréhensions, et que, pour la sauvegarde des intérêts de la communauté, elle autorisera la formation du personnel des bureaux appelés à encaisser les recettes de l'Etat.

Les douanes doivent être tenues constamment en éveil. C'est par ce seul moyen que le Gouvernement en obtiendra un rendement effectif. Autrement, livrés à eux-mêmes, les fonctionnaires préposés à l'application des taxes négligeront leurs devoirs et la fortune publique sera considérablement atteinte.

Je prie de nouveau Votre Excellence de nommer les inspecteurs des finances appelés par la nature de leurs fonctions à renseigner le Gouvernement sur la marche des bureaux administratifs de la République. En ce moment-ci, leur présence dans les chefs-lieux d'arrondissement financier sera très nécessaire et le fisc en retirera le meilleur profit.

Votre Excellence, qui tient à cœur de veiller aux intérêts de la communauté et à la régularité des services publics, ne manquera pas, j'en ai l'intime conviction, de prendre en considération ce dernier exposé que je lui soumets.

En attendant les communications qu'il plaira à Votre Excellence de me faire dans la circonstance, je suis heureux de me dire, Monsieur le Président, de Votre Excellence, le très humble et très dévoué serviteur.

F. Marcelin.

Laissons pour le moment le service de la Trésorerie ; nous le retrouverons plus tard.

Cependant, je ne puis songer sans émotion à cette période difficile et qui me causa tant de soucis, de fatigues, de peines. L'entreprise était hasardeuse de retirer dans les vingt-quatre heures le service de la Banque Nationale d'Haïti, de former une trésorerie haïtienne avec des éléments qu'il fallait créer de toutes pièces. On la traita d'extravagance, on ne crut pas à sa réussite. Boutade, disait-on, pour effrayer la Banque. Or, l'extravagance a pleinement réussi. C'est que l'entreprise était nationale et qu'au-dessus de l'effort qui la créa il y avait la conviction populaire qui la vivifia et qui la défendra sans doute dans l'avenir...

Bien que j'aie l'intention de m'occuper d'une façon spéciale de nos douanes — sur le fonctionnement desquelles j'aurai beaucoup à dire — je transcris les pièces ci-après qui s'y rattachent :

Port-au-Prince, le 9 octobre 1905.

Monsieur le Président,

Ayant constaté que le service du contrôle des pièces des douanes étaient en souffrance, ou ne se faisait presque pas, par insuffisance du personnel du « Bureau du contrôle des douanes » adjoint au département, — bureau formé par la loi du 25 septembre 1885, dont les attributions ne sont pas assez étendues — j'avais introduit, dans le titre XIX du projet de revision de la législation douanière du 8 septembre 1904, l'article 130 qui accorde au Gouvernement la faculté de nommer des inspecteurs généraux des finances et des douanes : leur nombre a été fixé à cinq. Le Corps législatif, prenant en considération les raisons plausibles que je lui ai exposées lors de l'examen dudit projet, a bien voulu voter cette disposition, fournissant ainsi un excellent moyen de contrôle qui faisait défaut jusqu'alors.

Une autre cause, Monsieur le Président,

m'avait décidé à demander ces nouveaux auxiliaires : le service des douanes de la République laisse, en général, beaucoup à désirer. Par conséquent, les revenus du Trésor ont considérablement diminué. Il est absolument urgent d'exercer un haut contrôle sur les opérations de ces établissements et d'essayer de modifier, par tous les moyens en notre pouvoir, cette règle de nos finances : des dépenses grandissant chaque jour au regard des recettes diminuant sans cesse.

Mon désir était d'organiser entièrement ce service d'inspection générale dès le 1er de ce mois, afin de pouvoir prendre des mesures efficaces et immédiates en vue de faire cesser les abus signalés. Ce but peut être atteint, je le crois, par le contrôle immédiat des pièces déjà parvenues au département, concourant avec des instructions fréquemment renouvelées. En agissant aussi promptement, j'ai l'assurance de pouvoir enrayer, dans une bonne mesure, les combinaisons et tentatives de fraudes ou de les découvrir quand elles se sont perpétrées.

Votre Excellence, qui ne m'a jamais marchandé son concours, me permettra de réaliser ces appréciables résultats, si elle veut bien nommer, en ce moment, les cinq inspecteurs généraux des finances et des douanes.

Il est de mon devoir de déclarer que le siège de ces fonctionnaires est au département du commerce. Ils y auront pour principales attributions le contrôle des pièces documentaires, afin de pouvoir signaler sans retard toutes les irrégularités qu'ils y relèveront. Ils auront, durant la récolte, pour mission spéciale de tomber à l'improviste sur les douanes soupçonnées. Il faudra qu'il puissent se déplacer avec la plus grande célérité et sans qu'avis préalable ne soit donné de leur arrivée.

Ces inspecteurs ne devront donc pas, comme autrefois, séjourner dans le chef-lieu d'un arrondissement financier pendant la durée de la récolte, c'est-à-dire d'octobre à mars. Ils voyageront par délégation soudaine, par mission spéciale.

S'il devait en être autrement, il serait à craindre que leur création ne fût inutile et n'eût d'autre effet que d'augmenter les charges de l'Etat, pis que cela, d'introduire peut-être, dans nos douanes, un nouvel élément de diminution de revenus... Personne ne se propose ce but.

J'ai l'intention aussi, Monsieur le Président, de faire, avec votre assentiment, quelques tournées d'inspection générale dans nos arrondissements financiers. Il importe que le chef du département constate de ses propres yeux l'état matériel et moral de nos administrations. Qui peut mieux que lui renseigner Votre Excellence, solliciter de son patriotisme agissant, de son expérience vigilante les mesures immédiates à prendre ?

Je vous prie, Monsieur le Président, d'agréer le sincère hommage de mon profond respect et de mon entier dévouement.

F. MARCELIN.

Nouvelle dépêche sur différentes communications restées sans réponse :

Port-au-Prince, le 11 novembre 1905.

Monsieur le Président,

J'ai l'honneur de porter à la connaissance de Votre Excellence que, de la date du 27 mai écoulé à celle du 31 octobre dernier, je lui ai fait trente-six rapports dans le but de la tenir au courant de la situation du département du commerce et aussi pour obtenir son appréciation ou ses instructions afin de pouvoir donner suite à certaines plaintes ou réclamations faites au département.

Plusieurs de ces rapports renfermant des pièces et documents qui font besoin pour être consultés, le cas échéant, et devant être tenus en dépôt dans les archives, j'ai l'honneur de prier Votre Excellence de décider de me les renvoyer.

Je crois devoir expédier sous ce couvert un mémorandum où est faite l'énumération de ces pièces et documents par ordre de date, afin de faciliter leurs recherches.

J'ai l'honneur de croire que Votre Excellence prendra cet exposé motivé en considération et la prie de daigner agréer l'hommage de mon profond respect et de mon entier dévouement.

F. MARCELIN.

Ce ne fut que le 20 novembre que je pus installer à la Secrétairerie d'Etat des Finances le bureau d'Inspection des Finances et des Douanes. Je le fis en ces termes :

« Messieurs,

« Je suis heureux que le choix de Son Excellence le Président de la République se soit porté sur des citoyens aussi recommandables, aussi intelligents, aussi expérimentés que vous pour remplir les importantes fonctions d'Inspecteurs des finances et des douanes.

« J'espère que vous seconderez de tout votre pouvoir le Chef de l'Etat dans les efforts incessants qu'il fait pour rétablir l'ordre dans notre administration si troublée depuis tant d'années.

« Certes, Messieurs, la force productive de notre pays a diminué au regard de nos dépenses qui ont augmenté. Cependant il n'est pas moins vrai qu'une notable partie de nos ressources est dilapidée par la contrebande. C'est dans la pensée que vous pourrez remédier efficacement à ce mal que le Corps Législatif a sanctionné la loi qui vous a recréés.

« En effet, vous savez que dans le passé ce bureau a existé, qu'il fut supprimé parce qu'on le jugea inutile et d'aucun service à la chose publique.

« Or, présentement, votre sort est dans vos mains. Vous vivrez si vous le voulez. Vous ne vivrez pas si vous ne le jugez pas nécessaire. Car ni le Gouvernement, ni les Chambres n'ont entendu créer de nouvelles sinécures. Il n'y en a que trop malheureusement dans la République.

« En vous remettant les Commissions que le Président a bien voulu signer en votre faveur, permettez-moi donc de vous souhaiter une longue vie. Puissiez-vous, par votre activité, votre curiosité de bon aloi, sans cesse en éveil, asseoir définitivement ce jugement que vous êtes un rouage indispensable à notre système administratif !

« Je ne veux pas, Messieurs, vous retenir trop longtemps. Séparons-nous pour aller, chacun de notre côté, au travail qui doit être la règle absolue du fonctionnaire digne de ce nom, du fonctionnaire qui veut posséder une conscience libérée vis-à-vis de lui-même et vis-à-vis de la Patrie... »

Enfin dernière dépêche sur le même sujet :

Port-au-Prince, le 28 décembre 1905.

Monsieur le Président,

Le département, constatant que des fraudes continuent à se faire dans les expéditions des denrées, malgré toutes les mesures prises en vue de les faire cesser, se voit obligé de signaler au *Moniteur* les administrations perturbatrices et de faire un appel aux agents et consignataires de navires pour les décider à porter les capitaines à ne pas recevoir, le jour ou la nuit, des denrées en contrebande (1).

J'ai invité les administrateurs des finances à faire dresser des bordereaux supplémentaires contre les exportateurs pour toutes les différences signalées par la comparaison des pièces des douanes avec les Etats de débarquement fournis par nos consuls, à faire payer sans aucun retard les droits frustrés et à livrer à la justice ceux qui ne voudraient pas s'acquitter envers le fisc.

Mon plus grand désir étant le relèvement de **nos** douanes, je suis donc absolument résolu, Monsieur le Président, de prendre toute mesure de rigueur ayant pour but de ramener l'ordre dans les bureaux de ces établissements et de faire respecter les deniers qu'ils procurent à l'Etat et sur lesquels il compte pour faire face à ses engagements.

Vous pouvez être assuré, Monsieur le Président, que je ferai tout mon devoir pour faire

---

(1) On ne sait que trop ceux qui présidaient à ces embarquements.

cesser ces abus qui dégénèrent en scandale et que je ne faillirai pas à ma tâche.

Daignez agréer, etc.   F. MARCELIN.

Je n'avais pas été très heureux, on l'a vu, dans mes récriminations contre les paiements que le Président me demandait directement ou plutôt qu'on l'obligeait parfois à me demander. Pourtant, je luttais sans relâche pour ne pas laisser submerger le Trésor, de même qu'en 1904, par le flot envahisseur. Je n'avais pas désarmé et je ne désarmai jamais, opposant toujours le refus à toutes les demandes. Comme quand j'étais forcé dans mes derniers retranchements, je ne capitulais pas, même devant un ordre formel du Président, sans protester, on était obligé à une certaine réserve vis-à-vis de moi...

Voici une nouvelle dépêche à ce propos :

Port-au-Prince, le 7 novembre 1905.

Monsieur le Président,

Vous m'avez remis trois ordonnances de dépenses, s'élevant ensemble à $ 9,250, en m'en demandant le paiement.

Je suis forcé, pour satisfaire à cette demande de Votre Excellence, d'autoriser le directeur de la recette et de la dépense de prêter cette somme à l'exercice 1904-1905, auquel ces ordonnances appartiennent, en attendant que M. Lafontant, chargé du service de la trésorerie, puisse couvrir par des fonds disponibles cette valeur.

J'avise Votre Excellence que cette sortie de fonds me gêne absolument pour le paiement du mois d'octobre que je comptais effectuer ces jours-ci.

Veuillez agréer, Monsieur le Président, l'expression de mes sentiments respectueux.

F. Marcelin.

VII

Me voilà arrivé à la fin de cette année 1905, qui a fourni la matière de ce volume. Je ne crois pouvoir mieux la résumer, mieux résumer les efforts, les espoirs, les luttes qui la remplirent qu'en reproduisant ici les trois articles que j'écrivis pour justifier la politique financière du gouvernement dans les numéros des 27 octobre, 4 et 10 novembre du journal *Le Pacificateur* :

FIN D'ANNÉE

Autour des dernières mesures financières

Il existe actuellement dans notre monde économique et social trois questions qui dominent la situation.

Elles se divisent ainsi :

1° Réduction des intérêts de la Dette intérieure ;

2° Garantie affectée au retrait du papier-monnaie, laquelle, de 140,000 dollars qu'elle était annuellement auparavant, est désormais portée à 450,000 dollars.

3° Création inéluctable d'un nouvel instrument de crédit pour remplacer la Banque Nationale d'Haïti, l'entente étant devenue improbable avec cette ancienne institution.

Il convient même ici, en dehors de l'instrument purement financier, d'envisager l'adaptation possible à notre mécanisme vital d'une *Banque agricole*, une proposition de tout premier ordre ayant été, de ce chef, faite au Gouvernement.

Le général Nord, à ses éminentes et incontestables qualités d'homme d'Etat, joint ce mérite d'être un agriculteur convaincu. Il répète sans cesse : « Il n'y a pas de misère possible quand on cultive la terre. Ceux qui croient cela, ne savent pas ou n'ont jamais voulu essayer. » Or, il voudrait avec raison que l'agriculture, sous son gouvernement, ne soit plus seulement le préservatif de la misère, mais encore le véhicule de la richesse...

Nous allons très impartialement examiner les trois questions qui viennent d'être énumérées. Elles feront l'objet d'articles distincts et succincts.

En conclusion, et dans une partie spéciale,

nous dirons quelle pourrait être, le cas échéant, la plate-forme financière du Gouvernement pour la période législative de 1906.

C'est la nécessité des temps présents — et cette nécessité durera jusqu'à ce que nous puissions *harmoniser* nos recettes avec nos dépenses — d'obliger chaque année à chercher des pensers nouveaux sur des thèmes bien vieux...

La question de la réduction des intérêts de la Dette intérieure haïtienne, gagnée depuis longtemps devant l'opinion dans notre pays, est maintenant, croyons-nous, complètement élucidée, malgré les nuages dont les intéressés, un moment, essayaient de l'obscurcir, devant l'opinion publique étrangère...

Rien n'empêchera, peut-être avant longtemps, — *tempus edax rerum...*, — d'étudier à loisir la combinaison formulée dernièrement par les porteurs. On sait, en effet, qu'ils ont délégué, il y a deux mois environ, trois missionnaires de paix près du ministre des finances. Ces missionnaires demandaient le transfert de la Dette intérieure à Paris : pas d'emprunt, ou plutôt — il faut que l'opération soit dans toutes les formes — emprunt dont ils seraient les uniques souscripteurs.

Cette sorte d'*ultima ratio*, de pacifique caractère, ne paraît pas à première vue impraticable. Dans tous les cas, elle soutient fort honorablement la discussion, car elle s'appuie sur un des considérants de la loi même portant réduction des intérêts.

On comprend l'avantage des porteurs à solliciter cette transformation. La récente interview du président de l'*Association des porteurs français de valeurs étrangères*, publiée ici même, l'a démontré ; notre rente extérieure a plus de garantie morale, elle offre plus de sécurité et ne permettrait pas les familiarités que sa cadette a souffertes. C'est là, dit le président, une question d'origine et aussi, et surtout, parce qu'elle est sous le consentement formel du Gouvernement qui en a permis l'introduction sur son marché : garantie morale, en l'espèce, équivaut certainement à garantie matérielle.

Notre ministre des finances, naguère au Sénat de la République, établissait de la même façon, et à peu près dans les mêmes termes, la démarcation profonde des deux dettes.

Tel est donc l'intérêt des porteurs de la Rente intérieure. Tel est le mobile qui les guidait dans la démarche manquée qu'ils tentèrent près du ministre des finances. Nous disons *démarche manquée*, car ce dernier refusa de les écouter et de transmettre leurs désirs au gouvernement. Et cela parce qu'ils voulaient bien lire, mais refusaient de *déposer* officiellement entre ses mains leurs pouvoirs.

Sauf erreur, le vin se bonifie en voyageant. L'économie politique et l'expérience des petits peuples enseignent que le même phénomène se produit sur les créances qui passent les mers. Les prêteurs ne l'ignorent pas.

Cependant, l'intérêt du Gouvernement est-il, en cette circonstance, opposé à celui des porteurs de notre Dette intérieure ?

Nous n'hésitons pas une minute à répondre : non, il n'est pas opposé. Par le fait même des réductions qu'elle vient de subir, par la sorte d'épuration qui a passé sur elle, la Dette intérieure a désormais tout le caractère d'une valeur cotée en Bourse étrangère. Nul n'y peut plus toucher. Vaines donc seraient les appréhensions de ceux qui seraient arrêtés par ce côté, d'ailleurs hors de thèse : qu'une telle dette, transportée loin du pays, franchirait le domaine de notre puissance, tout en devenant une alarme pour notre nationalité. Qu'elle reste ici ou qu'on la transporte ailleurs, il n'est plus possible de faire subir aucune amputation à la Dette intérieure. Elle est sacrée et consacrée. Et, quand les déceptions présentes seront oubliées, quand la période de surexcitation aura passé, que la petite cicatrice ne se verra plus sur la peau, bienheureux ceux qui auront placé leurs capitaux aux bas cours actuels !

Ils auront fait une excellente affaire. Les titres, forcément, doivent monter. Ce ne sont plus des valeurs de spéculation louche. Ce sont des valeurs de père de famille à présent... La colère, le ressentiment ne furent jamais que de maladroits apports en finances. Les véritables hommes d'affaires ne s'y attardent pas. Ils n'interrompent pas pour eux leur ascension. Nos financiers feront de même. Patientons encore quelque temps.

Donc, l'intérêt de l'Etat n'est ici aucunement opposé à celui des porteurs. Ceux d'ailleurs qui, parce qu'on a pu faire subir une réduction d'intérêts à la Dette intérieure, inclineraient *pour ce motif* à la garder de préférence dans le pays feraient injure au Gouvernement : il a dû prendre une mesure nécessaire, devant laquelle il ne pouvait, ni ne devait reculer, sous peine de porter devant l'Histoire la responsabilité d'un désastre national. Mais là s'arrête et doit s'arrêter son action combative. Il a abattu l'usure, mais il entend donner toute garantie, toute sécurité au capital. C'est la deuxième face du problème qu'il a désormais à résoudre : reconstruire après avoir détruit.

Il faut qu'il soit à la hauteur de cette tâche.

Or, dans cet ordre d'idées, non seulement

l'intérêt des porteurs de la Dette intérieure n'est pas opposé à celui de l'Etat, mais encore on peut dire que cet intérêt prime actuellement le leur. Le raisonnement le plus simple le démontre. Naguère, quand nous avions une Dette intérieure en papier, il était élémentaire de penser que le soin bien entendu de l'Etat devait être la conservation dans le pays de cette dette en papier ; elle faisait contrepoids à notre système monétaire. Mais nous avons éprouvé le besoin de nous laisser convaincre qu'il fallait convertir cette Dette en or. Cela étant, nous n'avons nul avantage, en ce moment où son taux d'intérêt est devenu irréductible, à la garder chez nous.

Il faut, au contraire, donner de l'élasticité aux capitaux qui y sont engagés en leur ouvrant le grand marché étranger. Les affaires pour nous en deviendront meilleures, nos banquiers ayant plus d'argent en mains par le crédit qu'ils pourront tirer de leurs titres déposés dans les Banques européennes ; chacun sait que les valeurs de notre Dette intérieure ne peuvent, ailleurs qu'ici, servir de couverture de crédit.

A ce point de vue général, ce sera tout profit pour le commerce national. Il souffre, il peine, il geint par manque de capitaux. Notre Dette intérieure en immobilise une part considérable : développée, multipliée par l'action fécondante du crédit à l'étranger, elle nous sera très profitable sous cette nouvelle forme.

C'est là le côté le plus vraiment utile de la question. Mais il en existe un autre qui, pour n'être pas d'aussi puissante et morale envergure, a bien son importance ; il s'agit du crédit personnel de l'Etat sur place. Certes, loin de nous la pensée de songer à ces temps où l'emprunt sur place était le pivot de notre système financier et dévorait, avant même qu'ils fussent à maturité, tous les revenus publics. Il faut souhaiter que ces époques ne reviennent pas. Cependant, il n'est pas moins vrai que l'Etat a intérêt à déblayer notre marché intérieur. Quand ce travail se fera, quand les 6 0/0, les 3 0/0 et les 2 1/2 0/0 auront pris leur vol vers les rives étrangères, la place étant nette, rien n'empêchera que le crédit de l'Etat sur place ne refleurisse, tel un arbre que l'émondage sauveur a préservé d'une mort certaine !

Les pessimistes objecteront peut-être qu'on ne doit pas transporter la Dette intérieure à l'étranger, précisément afin de garer l'Etat contre ses propres entraînements. Selon eux, la réduction des intérêts est le frein nécessaire de nos appétits futurs. Conservons dans toute sa force et teneur ce coup de grâce des emprunts sur place. Autrement dit, il ne faut pas guérir le malade de crainte qu'il retombe dans sa maladie.

Cette opinion n'a que la valeur d'une boutade ; elle n'en a aucune partant. Nous n'avons pas à nous y arrêter. Le crédit demeurera toujours un bien qu'il faut s'efforcer d'acquérir. Il en est de lui comme de toutes les bonnes choses : il a son bon et son mauvais côté. Et, précisément, quand on en abuse, on le détruit : il se transforme alors en usure. Notre propre expérience l'a établi.

Ce n'est pas une raison, pourtant, pour le condamner.

L'appétit aussi est un bien précieux, à la condition, assurément, de ne pas se donner d'indigestion.

II

Abordons la question de papier-monnaie.

Notre intention n'est pas de faire une dissertation nouvelle et vaine sur les funestes effets d'un expédient que la conscience des peuples a toujours condamné, mais que l'universelle nécessité a toujours, avec plus ou moins d'embarras, fait admettre, à certains moments, sur les différents points du globe. Mais s'il est vrai que les Etats, lorsqu'ils sont gênés dans leurs finances, ont une tendance invincible à remplacer l'or par un *petit bout* de papier, dont les éditions successives peuvent être multipliées à leur gré, il n'est pas moins certain qu'à peine ont-ils réalisé ce rêve qu'ils cherchent à se ressaisir, à se réveiller, et qu'ils font du retrait de ce *bout* de papier leur perpétuel souci : ce qui prouve combien ils sentent fragile et insalubre la demeure qu'ils ont eux-mêmes bâtie à leurs peuples...

Si le papier-monnaie était stable, s'il n'amenait pas à sa suite, grâce à ses subites fluctuations, l'agiotage le plus effréné pour détruire finalement toute l'épargne de la nation, niveler tout le monde dans la commune misère, il n'y aurait qu'à le proclamer l'idéal entre les signes d'échange. Le *Maître* prenait une pierre : sur elle il bâtissait son église. Une pierre, c'est déjà quelque chose. Mais un chiffon ! Bâtir là-dessus la prospérité générale, quel grand, quel merveilleux miracle !

Nulle part le miracle malheureusement ne s'est accompli. Partout la pauvreté, la gêne, le malaise plus intense, ont été le cortège du papier-monnaie.

C'est pourquoi les gouvernements forcés par la nécessité de recourir à cet expédient ont essayé, dans la mesure du possible, en attendant de s'en débarrasser, de l'entourer de certaines garanties... Ces garanties, il n'est pas besoin de le dire, n'ont jamais consisté, quand elles voulaient être sérieuses, qu'en bons impôts ou taxes douanières vigoureusement perçus en or.

Deux systèmes peuvent se trouver en présence sur le meilleur emploi du produit de ces taxes ; ou l'affecter à constituer un fonds de garantie au papier en circulation, tout comme le fait une banque d'émission, ou le consacrer à retirer, au fur et à mesure, de certaines portions des billets pour être livrés aux flammes... Car c'est le destin du papier-monnaie d'être toujours brûlé, mais, comme la salamandre, de toujours renaître de ses cendres.

De ces deux systèmes, nous avons choisi le second. Hebdomadairement, nous livrons aux flammes, sur la place de la Paix, nos gourdes nationales. Nous avons, pour cet effet, un brûloir patenté et un incinérateur officiel.

Cependant, ne peut-on faire mieux ? Et puisque le but poursuivi — ces incendies de chaque semaine le prouvent — est l'extinction totale du papier-monnaie, ne conviendrait-il pas d'examiner, dès à présent, la possibilité d'un autodafé qui nous en débarrasserait du coup ?

C'est ce que nous allons très succinctement établir.

Ce souci d'activer le retrait absorbe tellement l'esprit public que, dans *Le Nouvelliste*, il y a quelques jours, on a pu lire un projet consistant à percevoir, par anticipation, les revenus de l'année à l'aide de bons offerts aux capitalistes. On arriverait, en une bouchée, à absorber une assez forte masse de papier...

D'autres pensent aussi qu'il serait plus efficace, et plus dans nos vieilles traditions, de contracter franchement un emprunt sur place contre papier en hypothéquant les garanties actuellement déterminées par la loi. Ils disent que cette opération, liquidée dès la fin de l'année, permettrait de retirer immédiatement deux millions de la circulation. Elle serait populaire, parce qu'elle serait avantageuse : d'abord pour les banquiers, en leur assurant dès ce jour un change rémunérateur à leur encaisse, ensuite pour la nation en lui faisant espérer la vie moins chère...

Ce travail des cerveaux démontre donc que personne n'a abandonné l'idée de l'accélération du retrait. Aussitôt que des jours meilleurs semblent luire, chacun accourt à cette idée comme à une sorte de fontaine de Jouvence qui nous donnera la santé et la force. L'instinct ne nous trompe pas et nous avons raison.

Il s'agit toutefois de ne pas faire fausse route. Renforcé tel qu'il est, le retrait partiel est parfait. Laissons-le fonctionner normalement, si nous ne désirons pas autre chose.

Cependant, si, sans délai, nous désirons la disparition de l'expédient, nous devons et pouvons procéder autrement.

D'abord, il faut établir ce point qui est indiscutable : l'Etat possède, dans les garanties données actuellement au papier-monnaie, le levier qui lui permettra, quand il voudra, d'en débarrasser le pays.

En effet, les billets de caisse actuellement en circulation s'élèvent à 11,000,000 de gourdes. Pour en assurer le retrait, le législateur leur a affecté le produit de la moitié de la surtaxe à l'importation, le quart des droits perçus sur triage de café, les taxes créées par la loi du 13 août 1903. Ces différentes affectations donnent, chaque année, une moyenne qui s'établit comme suit :

1/2 de la surtaxe de 25 0/0 à l'importation ....Or P.	300.000
1/4 des droits sur triage de café....	20.000
Taxes créées par la loi du 13 août 1903	120.000
Taxes créées par la loi du 13 août billets 45,000 (45,000 gourdes à 5 pour un)	9.000
Or	449.000

Donc l'Etat peut offrir 450,000 dollars annuellement au retrait du papier-monnaie. De quelle somme aurait-il besoin pour une semblable opération ? A la fin de cette année certainement on n'aura pas plus de 10,000,000 en circulation. En prenant le change de 400 0/0, il ne faudrait que 2,000,000 de dollars pour le retrait intégral.

Pensez-vous qu'il soit difficile, en quelque marché que ce soit, de trouver ces 2,000,000 de dollars avec cette affectation annuelle de 450,000 dollars ?

Personne n'hésitera à déclarer, comme nous venons de le faire, que le gouvernement possède, de par les garanties qui y sont attachées, le moyen de délivrer à brève échéance le pays de notre papier-monnaie.

La seule objection plausible qui pourrait peut-être se justifier est celle-ci : une crise économique, dont les effets ne seraient pas inférieurs à ceux du papier-monnaie, ne surgirait-elle pas après le retrait intégral ?

Il faut, sans doute, envisager sérieusement cette éventualité : nous en parlerons quand il sera question de notre *décevante* Banque Nationale d'Haïti qui, si elle avait voulu, aurait pu être, malgré tout, une si bonne ouvrière de progrès et de paix... Les crises économiques comme celle que les esprits prudents prévoient après le retrait s'atténuent et se neutralisent généralement ailleurs par l'action bienfaisante des institutions de crédit public.

Il faut souhaiter qu'il en soit de même ici. A défaut de cette action, ce soin doit revenir au gouvernement qui devra s'en préoccuper.

En résumé, l'Etat a en mains l'instrument nécessaire, dans les 450,000 dollars d'affectations annuelles, pour le retrait intégral, quand il voudra, du papier-monnaie. Cette opération n'exigera que 2,000,000 de dollars s'il accepte le change de 400 0/0. Et ces 2,000,000 de dollars seront vite soldés, intérêts et amortissement compris.

L'ensemble constituera pour les intéressés une brillante et fort enviable opération financière.

III

Passons à la question capitale : de la création d'un nouvel instrument de crédit pour remplacer la Banque Nationale d'Haïti, *l'entente étant devenue impossible avec cette ancienne institution.*

Tels sont les termes dont nous nous sommes servi dans ce journal le 27 octobre dernier.

Le lecteur, s'il a bien voulu nous suivre, a dû remarquer que nous apportons la plus entière franchise, la plus absolue netteté dans ce que nous écrivons. De même, nous dirons donc aujourd'hui :

Oui, l'entente est impossible, si la Banque ne donne pas satisfaction au pays. Elle est impossible, si elle ne se résout pas aux réformes et aux concessions.

Ce qui est commencé, et qu'il faut parfaire, démontre surabondamment que nous pouvons nous-même organiser notre service de trésorerie. Le rouage, quoique insuffisamment mis en action dans les autres villes, fonctionne très bien à la capitale. Les craintes que le passé avait pu suggérer ont été jusqu'ici chimériques. C'est que les temps ont changé. Jadis, il n'y avait aucune comptabilité chez nous. Aujourd'hui, les règles en sont établies et exécutées partout.

Si la Banque en témoigne le désir, elle pourra même puiser à la *Recette et la Dépense*, à Port-au-Prince, d'excellents modèles qui pourront lui être toujours utiles.

Donc, nul souci de ce côté : il faut persévérer dans la voie ouverte. Il faut aller jusqu'au bout. Nos atouts sont bons. Et le dossier, chaque jour, s'augmente pour assurer le succès.

Jamais situation plus nette ne s'est offerte : ou la Banque, antique institution, plus archaïque que si mille siècles avaient passé sur elle, devra se transformer, ou elle devra ne plus s'occuper de nos affaires.

Hâtons-nous de déclarer que son intérêt, et le nôtre aussi, demandent qu'elle se transforme.

Peut-être n'est-il pas superflu de rétablir, encore une fois, les origines de la crise, afin de bien démontrer que, s'il y a eu manquement à la parole donnée, violation de l'entente acceptée, et en voie d'exécution, la faute en incombe uniquement à la Banque.

Avant toute chose, le gouvernement peut maintenir qu'il a donné, après le procès de la Consolidation, des preuves non équivoques de son désir de rétablir et de fortifier, de la façon la plus sincère, ses relations avec la Banque.

Cependant, il est incontestable que le peuple haïtien, après le procès, était en droit d'attendre quelques modifications au contrat de cette institution.

Il est non moins incontestable que la Banque en avait senti elle-même l'impérieuse nécessité en adhérant à la Commission mixte de réorganisation financière, en provoquant sa création, en en sanctionnant le programme.

Des documents émanés de la Banque établissent que l'accord semblait s'être fait sur le *minimum* suivant des concessions :

1° Augmentation du prêt statutaire à 600,000 dollars ;

2° Règlement du premier prêt à 100 0/0 de prime ;

3° Ouverture d'un découvert possible de $ 125,000 au compte « Recettes et Paiements » à liquider mensuel'ement.

Cet accord est établi nettement par la lettre et la note du 19 avril 1905 de la Banque elle-même, adressées au Secrétaire d'Etat des finances.

En dehors de cet engagement, il restait à obtenir son consentement définitif sur quelques autres modifications. Elles peuvent se formuler ainsi :

Contrôle à exercer par la Chambre des comptes sur le service de la trésorerie ;

Place à ménager à l'élément haïtien dans le haut personnel ;

Réglementation de l'émission des billets au porteur remboursables en or américain ;

Commission uniforme de 1/2 0/0 or, tant à la recette qu'à la dépense ;

Déchargement en faveur de l'Etat des frais d'expédition de fonds de la capitale à l'intérieur et *vice versa ;*

Bonification sur la prime de 5 0/0 aux fonds destinés à l'acquittement de la Dette intérieure.

Pour ces questions-là, le Gouvernement croyait pouvoir compter absolument sur l'*es-*

prit de conciliation et d'entente dont avait parlé le 19 avril le directeur de la Banque et qu'il promettait d'apporter à *toutes les questions comprenant aussi bien les intérêts de la Banque que ceux de l'Etat.*

C'était le 19 avril, nous venons de le rappeler, que l'institution donnait ces assurances formelles et nettes au gouvernement. Eh bien ! jusqu'au 2 août, malgré les pressantes demandes, rien n'aboutissait, ni promesses, ni engagement écrit.

Au contraire, la Banque semblait revenir sur tout ce qu'elle avait accepté, multipliant chaque jour les atermoiements et les exceptions dilatoires.

C'était à croire que son directeur, dans les obligations qu'il aurait contractées envers le Gouvernement, avait outrepassé ses pouvoirs. Du reste, ce n'a pas été la seule fois que le public a pu avoir cette impression ; les documents concernant la *Résolution* votée le 26 juillet dernier par le Corps législatif et ceux qui établissent comment on fut amené à la prendre tendraient à confirmer largement cette impression.

Telle est donc la vraie cause de la rupture : une hostilité ne désarmant pas après le procès quand nous ne demandions qu'à nous entendre, une hostilité se jouant de nos meilleures intentions, ne tenant aucun compte de ses propres engagements, acculant à la fin le ministre des finances à une situation fausse et insoutenable devant les Chambres législatives, situation compliquée, en parachèvement de l'œuvre, d'une subite et inattendue fermeture de la Caisse, en pleine morte-saison, quand il n'était dû qu'une somme dérisoire à la Banque, quand, deux jours auparavant, elle venait de promettre solennellement au Gouvernement de l'aider de toutes ses forces !

On pouvait assurément, sans effort, voir dans tout cela l'effet d'un plan arrêté et qui n'avait d'autre objectif que de nous promener de déceptions en déceptions...

Si donc les intentions du gouvernement peuvent rester ce qu'elles étaient hier, conciliantes et généreuses, il lui incombe néanmoins d'être fermement décidé à obtenir de la Banque, dans l'intérêt du pays, ce qu'elle avait promis, ce qu'elle nous doit...

Nous ne devons pas oublier et il est bon de le rappeler — qu'il nous eût été possible d'englober la Banque dans le sort de sa direction coupable. Nous ne l'avons pas essayé, nous ne l'avons pas même pensé, estimant que, tant de son côté que du côté de l'Etat, les intérêts, une fois redressés, pouvaient être identiques.

Nous espérions être payés de réciprocité : la

création, d'un commun accord, de la Commission mixte de réorganisation financière, les engagements solennels pris par la Banque semblaient devoir établir, de façon indiscutable, cettte nécessité de reconnaître nos bons procédés par quelques réformes et concessions.

Il n'en a rien été.

Le temps presse pourtant. Il faut une nouvelle institution de crédit, non pas absolument pour faire le service de la trésorerie que nos Haïtiens — ils l'ont complètement démontré — peuvent remplir avec intelligence et probité, mais surtout pour permettre à notre évolution financière de s'affirmer définitivement.

Figée dans son obstination de momie que les bruits extérieurs ne regardent plus ; insensible, indifférente aux flots du progrès qui battent ses murailles féodales, la matérielle assurée par le service de notre trésorerie, la Banque, jusqu'ici, fait la sourde oreille à toutes nos objurgations.

Il faut cependant qu'elle nous entende.

Non, nous ne pouvons pas améliorer notre état social, développer nos richesses, sortir de notre agonie si elle persiste dans son attitude.

Non, nous ne pouvons pas retirer notre papier-monnaie, si elle ne consent, comme c'est son devoir, comme c'est sa raison d'être, de nous aider, en émettant ses billets remboursables en or, à prévenir une crise économique dont les effets seraient terribles après le retrait intégral...

— Alors ?...

— Alors, au-dessus de tous les contrats, au-dessus de tous les droits, il y a, pour un peuple, le droit à la vie.

En somme, il était permis de regarder cette année 1905 avec quelque satisfaction. Le Gouvernement, en dépit des fautes, des écarts inhérents à sa nature, de quelques actes inhérents à son propre chef, — actes qui sont malheureusement communs à tous nos chefs d'Etat, — était en droit, si ce n'est de se féliciter de la besogne accomplie, tout au moins de penser qu'il avait essayé de réparer, dans une politique vigoureuse et plus intelligente, les tâtonnements du début. Il donnait, certes, une bien meilleure impression, une impression de force et de durée qu'il n'avait jamais eue jusqu'alors. C'était alors un Gouvernement.

Ce temps n'est pas si éloigné de nous que

l'on ne puisse s'en souvenir. Les adversaires étaient bien peu qui ne crussent à l'époque qu'il fallait ajourner indéfiniment leurs rêves, et que, nouveau Sixte-Quint, le général Nord Alexis, qui avait eu l'air le jour de sa prestation de serment de rendre l'âme, tant il était faible et cacochyme, ragaillardi par le pouvoir, était aujourd'hui solidement assis au fauteuil présidentiel...

La célébration du Centenaire de l'Indépendance aux Gonaïves, accomplie en personne par ce quasi-nonagénaire, le Procès de la Consolidation mené à bonne fin, la réduction des intérêts de la Dette intérieure, le retrait du service de la Trésorerie de la Banque d'Haïti, de grands travaux publics en exécution dans tout le pays, avaient presque fait oublier ce que cette émission de treize millions de gourdes avait eu de fabuleux dans la détresse publique.

On pouvait peut-être se demander comment le Gouvernement ferait-il pour vivre dans l'avenir, lui qui avait pu dépenser dans la seule année de 1904, en dehors des recettes de l'Etat, la presque totalité des dix nouveaux millions de papier-monnaie. Sans doute, le retrait fonctionnait, et par l'addition nouvelle de la moitié de la surtaxe des 25 0/0 de l'importation, il allait être porté à une allure extraordinairement rapide. Mais n'était-ce pas la toile de Pénélope si, durant qu'on brûlait à feu continu les billets retirés de la circulation, on était forcé de recourir à des moyens extraordinaires pour équilibrer des budgets disproportionnés en face de ressources sans cesse diminuantes ? Le Pouvoir Exécutif, de même que les Chambres, s'assujettiraient-ils à ne voter des dépenses ou à ne dépenser qu'en rapport avec les recettes ?

C'était là le grand problème, problème qui ne sera jamais résolu, selon les règles ordinaires de l'arithmétique, tout le temps que le chef de l'État sera un chef d'armée, tout le temps que sous la rubrique : « *Frais de Police et de Sécurité publique* » on pourra vider le Trésor, — tout le temps que l'intransigeance d'un parti vaincu, n'acceptant pas sa défaite, campé à Kingston ou à Saint-Thomas, complotant sans relâche, par tous les moyens en son pouvoir, sera là pour justifier toutes les dépenses, les vraies ou les fausses, les indispensables ou les inutiles...

FRÉDÉRIC MARCELIN

Ducas-Hippolyte (Biographie d'un poète haïtien)

La Politique (Discours à la Chambre des Députés)

La Banque Nationale d'Haïti

Questions haïtiennes

Le Département des Finances et du Commerce d'Haïti

Les Chambres législatives d'Haïti (1892-94)

Choses haïtiennes (Politique et littérature)

Haïti et sa Banque Nationale

Nos Douanes (Haïti)

Haïti et l'Indemnité française

Une Évolution nécessaire

L'Haleine du Centenaire

Le Passé (Impressions haïtiennes)

Autour de deux Romans

Thémistocle-Epaminondas Labasterre
(OLLENDORFF)

La Vengeance de Mama (OLLENDORFF)

Marilisse (OLLENDORFF)

La Confession de Bazoutte (OLLENDORFF)

www.ingramcontent.com/pod-product-compliance
Lightning Source LLC
Chambersburg PA
CBHW071340150426
43191CB00007B/795